经济转型视角下的
人力资源管理

孙雪艳　原明毓　唐鹏中　著

吉林人民出版社

图书在版编目（CIP）数据

经济转型视角下的人力资源管理 / 孙雪艳，原明毓，
唐鹏中著. —长春：吉林人民出版社，2023.9
ISBN 978-7-206-20464-7

Ⅰ．①经… Ⅱ．①孙… ②原… ③唐… Ⅲ．①人力资
源管理—研究 Ⅳ．①F243

中国国家版本馆 CIP 数据核字（2023）第 177826 号

经济转型视角下的人力资源管理

JINGJI ZHUANXING SHIJIAO XIA DE RENLI ZIYUAN GUANLI

著　　者：孙雪艳　原明毓　唐鹏中

责任编辑：金　鑫

出版发行：吉林人民出版社（长春市人民大街 7548 号　邮政编码：130022）

印　　刷：吉林省海德堡印务有限公司

开　　本：787mm×1092mm　　　　　1/16

印　　张：11.25　　　　　　　字　　数：181 千字

标准书号：ISBN 978-7-206-20464-7

版　　次：2024 年 4 月第 1 版　　　印　　次：2024 年 4 月第 1 次印刷

定　　价：58.00 元

前　言

　　中国经济的高速增长主要源于两个因素：一是体制改革所造就的制度创新和激励机制；二是改革对生产要素，特别是劳动力要素的解放。改革使大量人力资源以各种方式投身经济建设，使我国人力资源的优势得到充分发挥。当今时代，我国企事业要想在竞争中胜出并持续发展，必须高度重视人力资源管理。如何确定组织的人力资源战略、做好组织的人力资源规划、绩效管理、薪酬管理等人力资源管理中的关键环节，如何建设良好的人力资源管理模式已经成为企事业各级领导考虑的最重要的问题。

　　随着网络化的发展，数字化的步伐进一步加快，人工智能等最新科学技术的发展，各企业的人力资源管理面临诸多新的挑战，很多企业的人员数量可能会逐渐停止增长甚至下降，但对员工的质量要求却大大提升，这就对企业的人力资源管理水平提出了更高的要求。

　　人才是企业最重要的生产资料，是企业发展的核心。在经济转型的大背景下，企业需要更好地进行人力资源管理，以适应新环境和新模式。通过培养人才，提高福利待遇，加强管理，引进先进技术等措施，可以为企业的长远发展提供强有力的帮助。企业必须寻找稳定方法，找到激励员工的方法，让企业的人才充分发挥他们的优势，为企业的发展贡献更多力量。

前 言

目　录

第一章 人力资源管理概述

第一节 人力资源

一、人力资源的概念

《辞海》将"资源"解释为资财的来源，一般指天然的财源。《现代汉语词典》将"资源"表述为生产资料或生活资料的天然来源。因此，"资源"一词在汉语中的本义是天然形成的可以被人类利用的物质总和。随着社会的不断发展，资源已经成为国家或地区乃至特定组织所拥有的人力、物力和财力等各种物质要素的总和，分为自然资源和社会资源两大类。

关于人力资源的定义，大量的相关文献中存在着不同的观点，尚未形成统一的意见。学者从各自不同的角度给出了定义，主要分为两种观点。

（一）人的角度

人力资源概念突出人所具有的知识和技能，是创造价值贡献的重要条件，是对人的内在能力的总体表述。

（二）能力的角度

人力资源是体现在人身上的一种劳动能力，包含数量和质量的规定性。人力资源是在一定时间空间条件下潜在的具有劳动能力的人的总和，是对劳动人口数量的外在计量，有利于实现人力资源的数量计量、质量评价及有效利用。

由于其贡献可以为国家、地区或组织所利用，因此人力资源被看作重要的财富来源。

二、人力资源的数量和质量

人力资源是人所具有的为社会创造财富的体力和脑力的总和，因此可以从数量和质量方面进行衡量，有助于实现对人力资源的有效开发和利用。

（一）人力资源的数量

人力资源数量的计量直接关系其价值贡献，无论对于国家、地区还是组织都是极其重要的。从数量上看，某一时间内一个国家或地区的人力资源数量的内容主要包括以下几个部分。

1. 劳动年龄以内的就业人口

按照我国现有的劳动法律规定，劳动年龄以内的就业人口是法定劳动年龄内具有劳动能力的人口之和，是劳动年龄内正在从事社会生产的劳动者。

2. 未达劳动年龄但已从事社会劳动的就业人口

这类就业人口是指受到多种因素的影响，有些尚未达到劳动年龄，但已经投入社会劳动中的就业人口。尽管身体和生理方面尚未满足劳动者的基本条件，但由于这类人已经进入社会生产活动并创造价值，也被计入人力资源范畴。

3. 超过劳动年龄仍继续从事社会劳动的就业人口

这类就业人口是指已经达到退休年龄但依然从事社会生产，继续发挥他们的才能和智慧创造财富的人，他们也是人力资源的组成部分。

4. 劳动年龄内的失业人口

这类失业人口是指处于劳动年龄但由于各种原因处于失业状态没有从事社会生产的人。

5. 劳动年龄以内的从事家务劳动的人口

这类人口是指处于劳动年龄内但没有从事社会生产，而是开展家务劳动的人口，主要包括从事家务劳动的农村人口和部分城镇人口。

6. 劳动年龄以内的在校人口

随着教育事业的不断发展，接受教育人口的数量不断增加，有越来越多进入劳动年龄内的人口依然处于接受教育阶段，尚未投入社会生产活动中，这是潜在形态的人力资源。

7. 劳动年龄以内的军队服役人口

军队服役人员是保障国家和人民生命财产安全的重要力量，尽管也在劳动年龄内，但没有投入社会生产中创造财富。

8. 劳动年龄以内的其他具有劳动能力的人口

排除以上情况之外的其他情形的且在劳动年龄以内的人口。

其中，1～3条属于社会在业人口，是已在利用的人力资源；表现为社会经济活动人口，属于现实劳动力供给，是现实的人力资源；4～8条尚未形成现实的劳动力供给，是潜在形态的人力资源。

影响人力资源数量的因素可以来自特定地区人口总量及人口出生率的变化、人口年龄结构及其变动，还包括人口迁移等。随着生活水平的不断提高，医疗技术的发展，人的平均寿命逐渐提高，人力资源的数量相应地有所增加。

（二）人力资源的质量

作为生产者，人的生产能力不仅取决于人口或劳动者的数量，而且取决于人口或劳动者的内在质量。人口质量是人口经济学的一个重要范畴，指在一定的社会生产力和社会制度下，人们所具备的思想道德、科学文化和劳动技能以及身体素质的水平。社会越发展，人口质量的总体水平也就越高。人力资源质量综合体现在劳动者个体或群体的健康状况、知识水平、技能水平等方面。

经济发展的实践证明，人力资源质量与经济发展的速度成正比，为经济发展奠定了坚实的基础。人力资源质量可以用人在道德、文化、能力、心理、身体等方面的质的规定性来表示，人的素质的高低决定了产品及服务的质量优劣和劳动生产率的高低，影响投入与产出关系的变化。因此，提高人力资源质量是人力资源开发和管理的重要目标和任务，尤其是在以信息、知识和技术密集为特征的知识经济时代，只有真正拥有高质量的人力资源，才能获得核心竞争力。

三、人力资源相关概念界定

人力资源的作用日益被重视，并受到越来越多的关注，学者开始采用不少与人力资源相似的概念开展研究。

（一）人口资源

人口资源是指特定空间范围内具有的数量、质量与结构的人口总体。

人口是不同国家和地区开展社会生产不可缺少的基本物质条件，和其他自然资源相比，人口资源的数量、质量、结构及动态特征不仅受生物与生态环境等自然因素的影响，还会受人类社会所特有的经济、文化等诸多因素的影响。

（二）劳动力资源

根据我国相关的劳动法律法规的规定，法定劳动年龄内具有劳动能力的人口被称为劳动力资源。和人口资源不同的是，劳动力资源强调劳动年龄内的人口数量。不同国家和地区人口的年龄构成、性别构成、劳动力参与率将影响现实的劳动力数量和结构，而教育发展状况、生活水平的高低将影响劳动人口所拥有的知识和技能，直接决定劳动资源的质量，从而影响社会生产的效率和效果。我国作为世界上劳动力人口最多的国家，合理开发和充分利用劳动力资源，对于国民经济和社会发展具有决定性的作用。

（三）人才资源

人才被定义为具有一定的专业知识或专门技能，进行创造性劳动并对社会做出贡献的人。人才资源是人力资源中能力和素质较高的劳动者。人才强国战略作为国家的一项重大战略被提出，说明人才资源已经成为我国经济社会发展的第一资源，是大力提升国家核心竞争力和综合国力的重要战略。

在社会生产和技术进步日新月异的今天，人力资源尤其是高层次的人才资源对社会的贡献明显高于其他物质资源。相较于劳动力资源和人力资源，人才资源更多地强调人力资源的内在高质量特点，突出人才投入对社会生产的较高贡献。与一般劳动力资源相比，人才资源具有明确的专业特性，形成时间较长，培养费用较大，从而决定了人才资源可以创造出更多的财富和更高的价值。

从数量和质量的关系角度来看，人口资源是特定时间和特定范围内的所有人口总和，是对人口总体的客观描述，突出人的数量；劳动力资源是在劳动年龄以内的具有劳动能力并投入社会生产的人口总和，强调的是具有劳动能力的劳动者数量；人才资源是总人口中具有较高知识水平和技能水平、能够在社会生产中做出较大贡献的劳动者。因此，人才资源是人力资源的核心部分；由于人力资源包含了投入社会生产并创造价值贡献的所有人口，不受劳动年龄的限制，因而从数量上看，人力资源要大于劳动力资源的范畴，是人口数量和质量的统一反映。

（四）人力资源和人力资本的区别

人力资源和人力资本的区别在于以下几个方面。

1. 概念的范围不同

人力资源包括自然性人力资源和资本性人力资源。自然性人力资源是指未经任何开发的个体遗传素质表现在脑力和体力上的总和；资本性人力资源是指经过教育、培训、健康与迁移等投资而形成的脑力和体力的总和。人力资本是指所投入的物质资本在人身上所凝结的人力资源，是可以投入经济活动并带来新价值的资本性人力资源，人力资本存在于人力资源之中。

2. 关注的焦点不同

人力资源关注的是价值问题，而人力资本关注的是投资和收益问题。人力资源将人作为财富的来源，从投入产出的角度来研究人对经济发展的作用，关注的重点是产出问题。人力资本是从成本投资与收益角度来研究人在经济增长中的作用，强调投资，考虑投资的成本与结果，研究价值增值的速度和幅度等关系，关注的重点在于投资的收益。

3. 计量形式不同

众所周知，资源是存量的概念，而资本则兼有存量和流量的概念，人力资源和人力资本也同样如此。人力资源是指一定时间、一定空间内人所具有的对价值创造起贡献作用并且能够被组织所利用的体力和脑力的总和。人力资本从生产角度看，往往是与流量核算相联系的，表现为经验的不断积累、技能的不断增进、产出量的不断变化和体能的不断损耗；从投资活动的角度看，表现为投入教育培训、迁移和健康等方面的资本在人身上的凝结。因此，人力资本和人力资源存在着性质上的不同。

（五）人力资源的特征

1. 能动性

能动性是人力资源区别于其他资源的最根本特征。和其他资源只能被动地接受使用相比，个人的主观能动性对于人力资源开发的效果具有重要的影响。人能够接受教育或主动学习以丰富自己的知识，提高自己的技能，能够自主地选择职业，更重要的是人能够发挥主观能动性，可以有目的地利用其他资源进行生产，能够不断地创造新工具、新技术，并且利用其他资源去创造财富，从而推动社会和经济的发展，这是其他资源不具备的重要特性。

2. 时效性

人力资源的形成、开发、配置、使用均与人的生命周期有关，都要受到时间的限制。从个人成长的角度来说，人的生命周期存在婴幼儿期、少年期、青壮年期到老年期等生理阶段，不同的阶段人力资源的可利用程度不同，人所拥有的知识、技能、体力等要素相对人的生命周期也存在一定时限。相应地，人力资源的使用也要经历培训期、试用期、最佳使用期和淘汰期的过程。结合人的成长过程，选择适合的开发和利用策略，可以实现人力资源的有效开发和合理利用。不同类型的人力资源发挥作用的最佳期也不尽相同，因此，只有充分考虑不同年龄的人力资源的特征，及时有效地进行开发和利用，才能最大限度地实现人力资源增值。

3. 增值性

相较于自然资源在使用中被不断消耗，人力资源在投入社会生产过程中会通过不断地使用实现保值增值。在知识经济时代，人们面临着更多的新问题和新挑战，使得人类的生产活动具有创新性。创新不仅丰富了人们的生产和生活，也给人们提供了新的视角、新的技术探索和实践尝试，不断强化了人的能力，补充了新的知识，由此，人的脑力和体力都会在使用过程中不断地被丰富和强化。在解决问题的过程中，人会不断地更新已有的知识，学习并且掌握新的技能，积累生产经验，从而实现人力资源增值。增值性突出了人力资源只有在使用中才能不断地增长才干，从而实现了人力资源的价值提升。

4. 社会性

社会性是指人的社会属性。社会性强调人以群体方式开展生产和生活，处于特定的社会关系之中。人的本质不是单个人所固有的抽象物，在其现实性上，它是一切社会关系的总和。从宏观层面看，人力资源的获取与配置依赖社会，人力资源的配置与使用从属于社会分工体系；从微观层面看，人类的劳动是社会性劳动，不同的个体参与社会经济活动中的社会分工。每个人都生活或工作在群体或组织之中，不同群体或组织都有自身的文化特征和价值取向，从而影响个体的行为。当人力资源投入社会生产过程中，除了带来生产力的提高和社会经济的发展的同时，还会产生社会性的影响，如人的素质的提高会提升社会文明程度，能够使人有意识地保护并改善自然环境。

5. 可开发性

人力资源存在于人体之中，是一种"活"的资源，与人的生命特征、基因遗传等紧密相关。通过人口再生，伴随着生命的不断延续，人力资源可以不断再生，成为可以连续开发的资源，这是由人的生理特征决定的。此外，人力资源的使用过程是不断实现自我净化、自我完善、自我革新、自我提高的过程，也是人力资源的开发过程。在知识更新周期缩短、全球经济一体化的时代，组织管理者将人视作需要不断开发的资源，只有借助完善的教育体系，加强培训与开发，不断提高生活水平，改善医疗保健状况，持续地加以有效地开发和利用，才能使人力资源价值不断增值。

第二节 人力资源管理的基础认知

一、人力资源管理的概念

人力资源管理是人事管理的升级，是指在经济学与人本思想的指导下，通过招聘、甄选、培训、报酬等管理形式对组织内外相关人力资源进行有效运用，满足组织当前及未来发展的需要，保证组织目标实现与成员发展的最大化的一系列活动的总称。它是预测组织人力资源需求并做出人力需求计划、招聘选择人员并进行有效组织、考核绩效支付报酬并进行有效激励、结合组织与个人需要并进行有效开发，以便实现最优组织绩效的全过程，人力资源管理也是公司一个重要的职位。

理解人力资源管理的概念需要把握以下重点。

（一）人力资源管理是有目的的活动

人力资源管理活动是为了实现特定的目标，如个人价值最大化、个人投资的预期收益最大化、企业经营效益最大化及社会人力资源配置最优化等。

（二）人力资源管理的主要任务是以人为中心

围绕人力资源的获得、开发、保持和利用等方面展开研究，可知人力资源管理是以人力资源投资为主线，研究人与人、人与组织、人与事的相互关系，通过有效的管理活动调动人的积极性，挖掘人的潜能，提高人的价值，从而最大限度地发挥人力资源的作用。

（三）人力资源管理活动是在特定环境条件下开展的

无论是外部环境还是内部条件，环境因素为人力资源管理活动提供了客观条件和所需要资源的同时，也对人力资源的有效开发和配置形成了影响和制约。

（四）人力资源管理已经形成相对完善的理论体系

人力资源管理充分运用当代相关学科，包括社会学、心理学、管理学、经济学和技术学等学科的最新成果，强调对人管理的系统化、规范化和管理手段的现代化，不仅形成了较为系统的体系框架和理论基础，同时为管理者提供了科学的方法、工具和技术，为有效地实现人力资源管理提供了理论和方法支持。

人力资源管理又被称作现代人事管理，与传统人事管理既有联系又有区别。首先，人力资源管理和传统人事管理存在着历史上的渊源关系，二者既不能相互替代，也不能完全割裂。人力资源管理是从传统人事管理发展而来的，在继承原有人事管理基本职能和作用的基础上，丰富和发展了人事管理的相关职能，提升了人事管理的组织地位和战略影响，采用更多的现代方法和技术，实现对人力资源的有效管理。因此，人力资源管理和传统人事管理之间存在着继承和发展的关系。其次，人力资源管理是现代人事管理，与传统人事管理存在着本质的区别。一位职业经理人用形象的比喻描述传统人事管理与人力资源管理的区别，传统人事管理将人看作蜡烛，不停地燃烧直至告别职业生涯，强调企业目标的实现；人力资源管理将人看作蓄电池，可以不断地放电、充电，强调人的潜能的不断开发和利用，强调实现企业价值和员工个人价值的双赢目标。

二、人力资源管理的目标和作用

（一）人力资源管理的目标

目标是未来一定时期内要达到的目的性标准。人力资源管理的目标是为组织实现特定的目标，从而获得、开发、保持和有效利用人力资源，以提供相应的人力资源支持和保障，当人力资源成为组织的第一资源，人力资源管理的最高目标就是通过对人力资源的有效整合驱动组织核心能力的形成与保持，以确保战略目标的达成。

从组织角度出发，人力资源管理要满足组织目标的实现对人力资源的现实需要。人力资源管理的基本目的是建立一支宏大的高素质、高境界和高度团结的队伍，创造一种自我激励、自我约束和促进优秀人才脱颖而出的机制，为公司的快速成长和高效运作提供保障。由此可见，人力资源管理成功的关键在于它是否能够有效地建立人力资源的有效管理体系，采用各种手段和措施，努力激发人的内在潜能，调动人的积极性和主动性，以支持组织实现预定的目标。

站在组织成员的角度，人力资源管理的目标还要更好地满足人的全面发展。在个人发展需求日益提高的今天，以人为本的基本思想得到越来越多管理者的认同，人力资源管理在保证组织目标达成的同时，还要兼顾个人的发展和利益等内在需求，努力为员工提供成长和发展的空间和条件，强调在实现组织发展的同时实现个人的全面发展。人力资源管理更多地强调必须基于对人性的尊重以及对人的价值、内在需求和内在能力结构与特征的深刻把握，关心组织成员的个人利益和成长发展，激发人的内在潜能，从而实现个人和组织的双赢，有助于促进组织使命追求与战略目标的达成。

人力资源管理目标的建立是人力资源管理过程的重要内容，必须与组织的战略目标和策略有机配合。鉴于各类组织存在的性质不同，组织结构各异，战略目标和政策不断变化，人力资源结构和存量存在较大差异，这些因素都将制约和限制人力资源管理目标的确立。反过来，组织的人力资源活动的效率和效果也会直接影响组织整体战略目标的实现。

（二）人力资源管理的作用

21世纪的竞争是知识经济的竞争，也是人才的竞争。人力资源管理对组织的作用日益重要，具体表现在以下几个方面。

1. 人力资源管理形成对组织发展战略的重要支持

人力资源是战略实现的保障，根据组织的战略目标，具体分为三个方面。第一，要通过人力资源规划对未来的人力资源供给和需求做出预测，然后通过招聘录用或者培训与开发获得人力资源的储备，从而为战略的实现奠定坚实的人力资源基础。第二，在组织战略的实现过程中，人力资源在很大程度上影响各种外在资源的使用效果，直接影响着资源投入产出关系的改变，从而决定组织战略的实现。第三，组织成员对战略的认同是人力资源发挥作用的重要条件，只有组织战略得到全体员工的认同，员工才能够将组织的战略目标内化为自己的个人目标和行为准则，企业战略的实现才能获得有效的内在动力，这个过程离不开人力资源管理实践的支持。组织可以通过绩效考核和奖励等方式传达组织的战略意图，从而更有力地获得组织成员的认同和支持。因此，人力资源管理将对组织战略的实现形成强有力的支持。

2. 人力资源管理有助于形成组织的核心竞争力

迈克尔·波特的企业持续竞争优势理论模型认为，企业竞争地位归根结底取决于企业控制的资源状况，要想创造出持续竞争优势，企业资源就必须具备四个性质，即价值性、稀缺性、不可模仿性和非替代性。人力资源完全满足以上条件，独有的人力资源是竞争对手难以模仿并超越的，基于此，人力资源管理成为组织赢得持续竞争优势的基础。

知识成为知识经济时代价值的重要来源，掌握并运用知识进行价值创造的关键在于人力资源。组织要想在开放的环境和激烈的变化发展中赢得生存和发展，就必须拥有可持续发展的战略，形成自己的核心竞争力，而形成核心竞争力的关键就是获得并拥有符合组织价值观、充满激情、富有创新意识、开拓精神的优秀员工，他们获得个人的成长和发展的同时，也为组织的发展带来了源源不断的发展动力。人力资源管理实践还可以借助有效地构建组织成员与组织间良好的关系，培养组织成员的组织公民意识，实现组织成员个人期望与组织整体期望的高度拟合，从而更好地激发组织成员的积极性、主动性和创新性，使得人力资源真正成为获取持续竞争优势的源泉。

3. 人力资源管理已经成为提升组织绩效的重要保证

从管理的角度看，绩效是指组织、团队或个人，在一定的资源、条件和环境下，完成目标任务的程度，是对目标实现程度的衡量与反馈。人力资源管理绩效与企业经营绩效之间存在显著的正相关关系，人力资源管理对企业绩效有着积极的影响作用。企业绩效的实现和提高有赖于人力资源管理的实践活动，但是人力资源管理不能单独对企业绩效产生作用，它必须和企业的环境、企业的经营战略以及人力资源管理的支持这三个变量相互配合才能发挥作用，这一结论也更加强调了人力资源管理在组织中的地位和作用。

作为社会经济细胞的企业，绩效可以体现为某一时期内企业生产经营任务完成的数量、质量、效率及盈利情况。在越来越激烈的市场竞争中，人力资源管理成为提升企业绩效的关键，它直接影响着企业的生产效率、核心竞争力、客户的满意度、市场份额、利润等方面。企业要想获得生存和发展，努力提升自身的核心竞争力，就必须重视人力资源，努力提升人力资源的管理水平，从而最大限度地发挥人的使用价值，达到人尽其才，人尽其能，不断提升个人绩效的同时，实现企业整体绩效的不断提高，最终实现企业利润的最大化。

第三节　多维视角下人力资源管理的内容体系

一、人力资源管理者和人力资源管理部门

（一）人力资源管理者和人力资源管理部门的活动

在当今组织管理活动中，人力资源管理已经成为一个重要的子系统。人力资源管理者和人力资源管理部门承担了主要的人力资源管理活动。一般而言，组织中人力资源管理部门的职能活动主要反映在以下方面（如表1−1所示）。

表1-1 人力资源管理部门的活动

职能活动	具体内容
人力资源规划	配合组织发展战略,制定人力资源规划,确立人力资源发展战略,建立和执行组织人力资源管理政策和制度
组织结构设计	根据组织发展状况,设计组织结构,调整岗位设计和职位分析,明确岗位职责和任职资格
人员配置	根据组织结构实施人员变动,调配人员优化人力资源配置,提高人力资源管理的有效性
招聘录用	根据各部门的用人需求,负责企业人员招聘、甄选、录用和评估
培训与开发	制订员工培训计划,组织员工培训,完成培训效果评估,实施职业生涯规划与管理,实现管理者能力开发与评价
绩效管理	制定、监控和评估组织的整体绩效和个人绩效,确保绩效目标的实现
薪酬管理	建立、实施和管理组织的薪酬福利体系,有效激励,合理分配
员工关系管理	建立组织和员工间的沟通渠道和方法,开展劳动关系管理,努力保障员工的安全和健康
组织文化建设	组织对组织文化的提炼、传播,提高企业凝聚力
人力资源数据库建设与管理	建立组织人力资源管理信息库,为人力资源决策提供依据

从职能角度来看,人力资源管理活动可以划分为行政性的事务活动、业务性的职能活动、战略性和变革性的活动三种类型。行政性的事务活动包括监督员工考勤、管理员工档案、办理人事手续、员工薪酬福利发放等活动;业务性的职能活动指人力资源管理的具体职能活动,包括招聘录用、培训与开发、薪酬管理、绩效管理等;战略性和变革性的活动则是站在组织整体角度,将人力资源管理活动纳入组织战略规划中,包括制定和调整组织战略,推动组织变革等内容。人力资源管理部门将大部分时间都花费在行政性的事务活动和业务性的职能活动中,而这两类活动为企业产生的附加值却相对较低,贡献较少;人力资源管理部门投入较少时间在战略性和变革性的活动中,但这类活动才是能够为企业创造较高价值的核心。所以人力资源管理部门需要合理调整三类活动的投入时间,才能够为企业创造更多价值,做出更多的贡献。

随着互联网、大数据、云计算等网络技术的普及,为更好地提升人力资源管理的效率,人力资源管理部门借助计算机和网络技术处理程序化和计算类型的工作,可以将一部分不太重要但烦琐耗时的行政事务性工作委托给专业的人事代理机构或者服务企业,专业化的服务大大地提高了人力资源管理工作的效率，大幅度降低了企业的管理成本。现代通信技术手段在人力资源管理领域中的应用已经显现成效，这也为未来人工智能技术应用在人力资源职业领域、提升人力资源价值提供可能。

（二）人力资源管理者和人力资源管理部门的角色

组织中，人力资源管理者和人力资源管理部门在很大程度上决定了人力资源管理作用的发挥效果。人力资源管理的角色揭示了人力资源部门及管理者在协助组织实现战略目标、创造价值的过程中所遵循的行为模式，发挥的作用以及作用机制。目前，学者从多个方面对人力资源管理角色展开了研究，包括根据不同的划分依据得出的不同结果，从业务逐渐转向战略，反映人力资源管理角色的研究在持续进行。具体可以将人力资源管理者和人力资源管理部门所扮演的角色划分为以下四种。

1. 战略伙伴

战略伙伴强调人力资源管理者和人力资源管理部门要参与组织战略的制定，并且要确保组织的人力资源战略得以有效实施，这就要求人力资源管理者和人力资源管理部门的工作必须以组织战略为导向。人力资源管理者应从组织设计入手，通过定义组织结构，划分部门职责权限，以确定组织管理的基本模式，实现人力资源战略和企业经营战略的有机结合，成为组织经营的发展伙伴等。

2. 管理专家

管理专家突出人力资源管理者和人力资源管理部门负责人力资源管理制度和政策的设计及执行，并据此承担相应的职能活动，包括人力资源规划、招聘录用、培训与开发、绩效管理、薪酬管理等，以专业的视角构建适合组织发展的人力资源管理体系，并对直线部门的管理者开展人力资源管理的指导、咨询和服务。

3. 员工激励者

员工是组织运营的主体，人力资源管理者和人力资源管理部门要通过各种激励方案和制度的设计，反映员工的基本诉求，为员工提供组织支持，包括员工关系、劳动关系、薪酬福利、安全和健康等方面。

4. 变革推动者

组织变革常常伴随着结构和人员的变动以及政策的调整。变革推动者角色要求人力资源管理者和人力资源管理部门要成为变革的发动者和推进者，积极参与战略的制定和调整、变革方案的制定和实施等工作，借助组织设计、人员安置、绩效管理和培训开发等工作，努力降低员工对变革的抵制情绪，降低变革为组织带来的风险。

（三）人力资源管理者和人力资源管理部门的责任

到目前为止，大多数组织都设有人力资源管理部门和专业人员。然而，并非只由人力资源管理者和人力资源管理部门承担组织的人力资源管理实践责任，而应由人力资源管理的专业人员和一线管理者共同承担。

人力资源管理不只是人力资源管理部门的工作，而是全体管理者的职责。部门管理者有责任记录、指导、支持、激励与合理评价下属人员的工作，负有帮助下属人员成长的责任。下属人员才干的发挥与对优秀人才的举荐是影响管理者的升迁与人事待遇的重要因素。

现代组织中，人力资源管理需要所有部门和管理者的共同配合才能得到落实，真正发挥作用。因此，所有的管理者都承担了人力资源管理的责任。

从组织角度出发，人力资源管理部门和其他部门在履行人力资源管理责任方面存在着对应的关系。首先是制度制定和制度执行的关系。人力资源管理部门负责制定相关人力资源管理的制度和政策，其他部门则贯彻执行。其次是监控审核与执行申报的关系。人力资源管理部门要对其他部门的人力资源管理制度和政策的执行情况进行监控和指导，发现问题及时处理，以确保制度政策的有效执行。其他部门则要执行相关制度和政策，并就发现的情况和信息及时反馈。最后是提供服务和请求支持的关系。人力资源管理部门要及时为其他部门提供人力资源服务和支持，满足其他部门的需要，从而确保人力资源管理工作的正常开展。

二、人力资源管理环境

环境是指与组织活动有关的各种内外部因素的组合，包括以大气、水、土壤、植物、动物、微生物等为内容的自然物质因素，还包括以观念、制度、行为准则等为内容的非物质社会因素。从组织角度出发，环境指组织界限以外的一切事物，不仅包括组织外部的资源条件等制约因素，还包括组织内部的结构及运营状况。

人力资源管理环境是指对人力资源管理活动产生影响的各种因素的集

合，了解人力资源管理的环境，有助于实现人力资源管理决策和活动与环境的和谐统一，以便更好地实现人力资源管理的目标。因此，环境分析成为组织战略决策的前提，为人力资源管理的实践提供了行动依据，人力资源管理环境主要可以分为外部环境和内部环境两方面。

（一）人力资源管理的外部环境

人力资源管理的外部环境是指在组织系统之外能够对人力资源管理环境产生影响的各种因素的集合。一般来说，可以从经济环境、科技环境、法律环境、文化环境、劳动力市场环境等方面来分析。

1. 经济环境

经济环境是指组织面临的社会经济条件，其运行状况和发展趋势会直接或间接地对组织开展的各项活动产生影响，包括社会经济条件及其运行状况、发展趋势、产业结构、交通运输、资源配置等情况，是制约组织生存和发展的重要因素。市场经济条件下，经济发展状态会影响人力资源管理活动的开展。如市场活动活跃，对人力资源的需求就会上升，劳动力市场价格相应地上升，组织获得人力资源的成本就会更高，从而影响人力资源的有效使用。

2. 科技环境

科技环境是科学技术的进步以及新技术手段的应用对社会发展及组织运营所产生的作用和集合。随着科技发展带来的岗位需求提升，对员工的知识和能力的要求也要相应地提高。人力资源管理必须不断满足科技发展给组织带来的新变化和新要求，及时有效地提供人力资源支持。科学技术的发展也为人力资源管理技术的更新提供了新的工具，现代通信技术的发展改变了人们的沟通方式，极大地提升了人力资源管理的效率。

3. 法律环境

法律环境主要是法律意识形态及其与之相适应的法律规范、法律制度、法律组织机构、法律设施所形成的有机整体。受到法律调整的社会关系的影响，人力资源管理活动也必然受到相关法律法规的约束和限制。我国颁布的一系列法律法规为组织开展人力资源管理进行最基本的行为规范，有利于保障组织和员工个人双方的权利义务。

4. 文化环境

广义的文化指人类在社会历史发展过程中所创造的物质财富和精神财

富的总和；狭义的文化特指信仰、风俗习惯、道德情操、学术思想、文学艺术、科学技术、各种制度等。马克思认为人的本质是一切社会关系的总和，不同的社会制度和阶级关系都会导致人力资源管理的模式存在较大差异，从而影响人力资源管理活动的效果。

5．劳动力市场环境

劳动力市场的发展给人力资源的获取和流动提供平台。随着市场的不断变化，劳动力的有效供给，特定人才短缺引发的人才价格的变化，生活水平的提高带来的人工成本上升，竞争对手薪酬福利改变等都将影响组织人力资源管理决策，对招聘录用、辞退解聘、人才流动等人力资源活动形成外在的制约和限制。

（二）人力资源管理的内部环境

人力资源管理的内部环境是指组织系统中能够对人力资源管理活动产生影响的各种因素的总和。人力资源是组织维持正常活动必不可少的重要资源，人力资源管理贯穿组织运营的方方面面。组织的内部因素包括组织战略、资源状况、组织结构、管理制度、组织文化等方面，直接影响人力资源管理活动的开展。

1．组织战略

组织战略是组织对全局性、长远性、纲领性目标的谋划和决策，是为适应未来环境的变化、寻求生存发展的重大决策。人力资源管理作为组织系统的重要组成部分，只有服从组织战略，服务于组织长远发展，才能真正发挥人力资源的作用。当组织处于不同的发展时期，战略选择对人力资源的需求不同使得人力资源管理职能的重点不同。

2．资源状况

资源是财富创造的来源。组织开展正常运营需要各种资源的支持，包括自然资源和社会资源。人、财、物、时间和信息等资源的分布状况和稀缺性都会影响组织正常活动的开展，从而影响人力资源管理工作的效率。

3．组织结构

组织结构是组织成员为实现组织战略目标，在职务范围、责任、权力等方面所形成的结构体系。组织结构决定了组织中人力资源的配置布局，形成分工与协作的关系，随着组织的战略调整和发展，组织结构也会相应地进行调整。

4．管理制度

管理制度是企业组织和管理制度的总称，是对企业管理活动的制度安排。人力资源管理制度和政策是企业管理制度的重要组成部分，借助有效的人力资源管理活动，配合组织变革，能够强化组织管理的效果。

5．组织文化

组织文化是在一定的条件下，组织逐渐发展并形成的精神财富的集合，包括文化观念、价值观念、企业精神、道德规范、行为准则、历史传统、企业制度、文化环境等。组织文化对组织成员的行为和态度均会产生持久和深远的影响，影响组织对人力资源管理模式的选择、制度和政策的设计。

适者生存理论认为，不是最强壮、最有权力的人会活下来，而是那些最能适应环境改变的人会赢得生存。社会发展和科技进步致使组织外部环境和内容条件发生了重大的变化，动态和不确定因素都在不断增加，导致组织面临着前所未有的挑战。人力资源管理者只有充分认识环境的重要性，才能更好地面对环境变化给人力资源管理实践带来的机遇和挑战。

第四节　多维视角下人力资源管理的发展趋势

一、人力资源管理的全球化

企业的人力资源管理全球化要求企业具有全球化思维，具有创新意识等特点。首先，具有全球化人力资源管理的理念，企业进入全球化已经成为趋势，面对的已经是无国界的人力资源市场，所以要以全球的视野来选拔人才，看待人才的流动。其次，人才市场竞争的全球化，全球化的人才交流市场已经出现，并将成为一种主要形式，人才的价值不仅仅是在一个区域市场内得到体现，更多的是按照国际市场的要求来看待。最后，人力资源管理对象的全球化，企业的全球化布局由全球范围内的人力资源保证，人力资源管理的对象由一国为主扩展到全球，全球化人力资源管理不仅涉及不同文化背景、不同地域、不同信仰的员工的管理，还涉及并购过程中不同的劳动制度、不同的人力资源管理制度、不同的企业文化的整合管理。

二、人力资源管理的虚拟化

信息化时代和低碳经济时代使得家庭办公、网络办公、协同工作等工作方式逐渐流行，对应的人力资源管理虚拟化也成为一种趋势。信息化时代的人力资源管理借助计算机和网络工作，一方面将事务性管理活动虚拟化，如人力资源信息管理、薪酬与福利管理、考勤管理等；另一方面将常规性管理活动虚拟化，如网络招聘、网络培训、网络学习、网络考评、网络沟通等。未来人力资源信息化管理将在系统整合的基础上实现自上而下的战略性人力资源管理的信息化，其不仅能够极大地降低管理成本，提高管理效率，更重要的是能够提升管理活动的价值，它能够使人力资源管理者从低价值的事务性工作中解脱出来，投入更多的时间和精力从事高价值的战略性人力资源管理活动。

三、人力资源管理的职业化

人力资源管理已经成为一种职业，在全球正朝向更为职业化与专业化的方向发展。人力资源专业与其他任何专业一样，有成熟的知识结构体系以及对行为解释的规范和准则，人力资源职业中更有胜任力的从业人员人数将会大大增加，组织面临的来自全球市场的激烈竞争使传统的人力资源部门面临重新思考、重新定义和重新认识自身角色的巨大压力。人力资源管理人员担负了更重要的使命，如为企业塑造领导标杆、创造企业能力、加强知识的可推广、推动科技发展等，最终为企业创造价值。

四、人力资源价值链管理

人力资源管理的核心是如何通过价值链的管理促进人力资本价值的实现及其价值的增值。人力资源价值链是指人力资源在企业中的价值发现、价值创造、价值评价和价值分配一体化的环节。价值链本身就是对人才激励和创新的过程，人力资源管理通过组织战略和人力资源战略的准确定位，构建以核心人才为主的竞争优势，打造核心竞争力，为组织创造价值。价值链管理由此成为未来人力资源管理的发展趋势，价值发现建立在清晰的人力资源战略规划流程的基础上，将人力资源管理投资与组织业务目标有效结合起来，营造人力资源的独特优势，发掘人力资源管理的战略价值；价值创造就是要营造良好的人力资源环境，以实现价值创造，这一目标需要借助职位分析和设计、员工调配、培训与开发、员工激励等职能活动来实现；价值评价问题是人力资源管理的核心问题，其内容是指通过价值评价体系及评价机制的确定，使人才的贡献得到认可，使真正优秀的、企业所需要的人才脱颖而出，使企业形成凭能力和业绩发展的人力资源管理机制；价值分配是通过价值分配体系建立的，能够满足员工的需求，从而有效地激励员工，这就需要提供多元的价值分配形式，包括职权、机会、工资、奖金、福利、股权的分配等。

五、流程化人力资源管理

流程化人力资源管理包括两个方面：一是人力资源管理的流程化，二是适应流程优化的人力资源管理模式。人力资源管理的流程化体现为在有效管理组织的同时，实现人力资源管理程序的标准化，确保每位员工都受到相同而公平的对待。几乎每一道人力资源流程都牵涉组织内至少一个部门的经理与员工的参与。例如，招聘到新员工并让其开始工作，其中包括完成所有人力资源部门所要求的必要文件；新员工需要的设备完善的办公室，包括能够使用的计算机网络与电子邮件账号，这些安排都必须在员工入职日与员工开始工作期间准备就绪，这些问题都可以靠流程自动化来解决，人力资源管理流程化的实质是适应企业面临的各种环境，对人力资源管理的职能进行程序化运作。

六、突显人力资源管理的战略地位

在新经济时代和创业经济时代，知识型人才成为企业重要的战略资源。人力资源真正成为企业的战略性资源，人力资源管理对于企业来说也将会变得越来越重要，人力资源管理要为企业战略目标的实现承担责任。战略人力资源管理需要跨界思维，应逐渐由传统的"职能事务性"向"职能战略性"转变，从作业性、行政性事务中解放出来，转变为关心组织发展和管理者能力的战略角色并站在越来越战略性的角度规划人力资源，引导人力资源行为，管理人力资源活动，不断碰触和影响企业战略，成为战略伙伴和变革的推动者。

第二章 人力资源管理的系统设计与构建

第一节 人力资源管理系统设计的依据

战略性人力资源管理的最终目标是通过对企业人力资源的整合来驱动企业核心能力的形成与保持，因此设计一套适合企业自身的人力资源管理系统对实现企业战略获取竞争优势至关重要。而在人力资源管理系统设计中，设计依据的正确选择是整个系统设计成功的关键。具体来说，人力资源管理系统设计的依据主要包括两个方面：一方面是企业的使命、愿景、文化以及战略解读，另一方面是人力资源管理系统设计的价值取向。在对人力资源管理系统设计依据进行解读的基础上，还将对人力资源管理系统设计的理论基础进行进一步阐述。

一、企业的使命、愿景、文化的战略解读

所谓使命就是企业存在的理由和价值，即回答为谁创造价值以及创造什么样的价值。任何现代企业都是在一个产业社会的生态环境中寻找生存和发展的机会，这个产业社会的生态环境主要包括该企业的供应商、分销商、最终顾客、企业的战略伙伴、所在社区以及其他利益相关者。企业要获得可持续性的发展，必须在其所在的产业社会生态环境中找到自身存在和发展的价值和理由，即要明确企业能够为其供应商、分销商、顾客、战略伙伴等一系列的相关利益群体创造什么样的价值。企业只有持续不断地为他们创造价值，使各利益相关者相互依存，才能够获得可持续成长和发展的机会。

企业文化是由某一个特定群体/组织在长期的生产和经营中，为实现共同的目标而在组织实践中共同形成且不断遵循的基本信念、价值标准和行为规范。因此，企业文化包含且不限于企业的使命与愿景。企业独特的

文化对企业内部人员的行为和管理起到规范化的整合作用，不同的企业会形成自己独特的文化和文化背后的价值观。从制度经济学的角度来看，文化的作用在于它是信息的载体，在于生长在同一文化氛围内的人们共享着它所承载的信息，交易成本便由此而降低。组织解决的是工作的问题，而精神、文化解决的是人的问题。

企业通过建立自己的使命与愿景，找到了发展的目标和方向，逐渐形成自己的独有文化，而企业的战略则是将这样的使命和愿景进行落实的关键步骤。一般来讲，企业的战略主要包括三个层面：公司层的战略、事业层的战略和职能层的战略。公司层战略主要描述一个公司的总体方向，包括一家公司如何建立自己的业务组合、产品组合和总体增长战略。例如，一家公司决定同时从事家电、IT 和通信终端设备等几个领域来保持企业的快速成长。事业层战略主要发生在某个具体的战略事业单位（如事业部或者子公司），具体是指该战略事业单位采用什么样的策略来获取自己的竞争优势，保持本战略事业单位的成长与发展以及如何来支持公司层面的总体战略。

企业的使命、愿景、文化和战略共同形成了企业一整套时间跨度由长到短的目标体系以及支撑这些目标的策略体系，同时又共同形成了企业的组织与人力资源管理体系的设计依据，并且成为组织所有经营和管理系统所要服务的对象。

二、人力资源管理系统设计理论基础

（一）资源基础理论

20 世纪 70 年代，在宏观经济学上，理性预想思想被引入；在微观经济学上，现代企业理论与信息经济学得到发展。现代企业理论在思想上最大的特点就是放弃了新古典企业理论中同质性企业的假设，接受差异性企业的现实，并试图用经济学的方法对这种差异给出有力的解释。产业组织理论根据"为什么企业之间会表现出竞争力的差异性"分为三派：贝恩的产业组织理论（哈佛的产业组织理论）、熊彼特和芝加哥学派的产业组织理论、科斯和威廉姆斯的产业组织理论，这些产业组织理论成为 20 世纪 70 年代战略管理吸收现代企业理论思想的主要来源。例如，波特的五力模型、普拉哈拉德和哈默的核心能力理论，还有就是资源基础理论。

　　企业资源理论可回溯到 20 世纪 50 年代彭罗斯的著作《企业增长理论》，在此期间经过沃纳菲尔德和巴尼等人的努力逐渐成为企业战略管理研究领域的一种理论。1984 年，沃纳菲尔德在《战略管理》期刊上发表论文《公司的资源基础观》标志着资源基础观的开端。之后巴尼也发表观点，认为以波特为代表的竞争优势理论过分强调外部产业环境分析和行业选择，忽视了企业自身的资源特性，无法解释同一产业内企业间为什么会存在绩效差异。该理论依据企业的资源和能力是异质的观点，强调组织持续竞争优势的获取主要依赖于组织内部的一些关键性资源。这些资源必须是有价值的、稀缺的、难以替代和模仿的以及不易移动的。假设行业中的组织可能拥有不同的资源，这些资源在组织间具有不可复制性，因此从资源方面来看，组织差异可以持续相当长的一段时间，战略人力资源管理领域的著名学者 P. M. 赖特在系列研究中逐渐认同人力资源管理实践能形成企业可持续的竞争优势，并指出资源基础理论已经成为战略人力资源管理研究最重要的理论基础，为人力资源管理研究和战略管理研究的结合搭起了一座桥梁。

　　（二）知识基础理论

　　从 20 世纪末开始，伴随"知识经济"的兴起，工作不再是一种有形商品的大规模生产，而是与组织的无形资产——知识有关。企业越来越重视企业家和知识创新者等知识型员工，也逐渐认可知识型员工参与企业的价值分配。因此，业界逐渐从关注资源基础观延展到知识基础理论。战略管理领域的另外一位著名学者格兰特认为，知识是生产的关键投入和主要价值来源，企业通过有效地创造、储存和应用知识，创造超额利润，为实现持续生存奠定了基础。知识基础理论最初的目的是以知识作为企业竞争优势的切入点来研究不同形式的公司间的合作问题，并填补组织学习中如"知识链接"现象的理论空白，图 2-1 反映的是企业资源基础观与企业知识基础观的比较和联系。在知识基础理论中，具有这几个特性的知识才是对企业创造竞争优势有利的知识，即可转移性、聚合能力、价值回报等特性、专业化、关键投入和价值来源。

资源基础观	企业的本质	竞争优势来源	竞争优势的产生机制
	异质性资源（VRIO）的集合	资源优势	隔离机制
知识基础观	隐性知识的存载体，沟通和协调成本的节约	知识的创造、储存和应用	学习机制

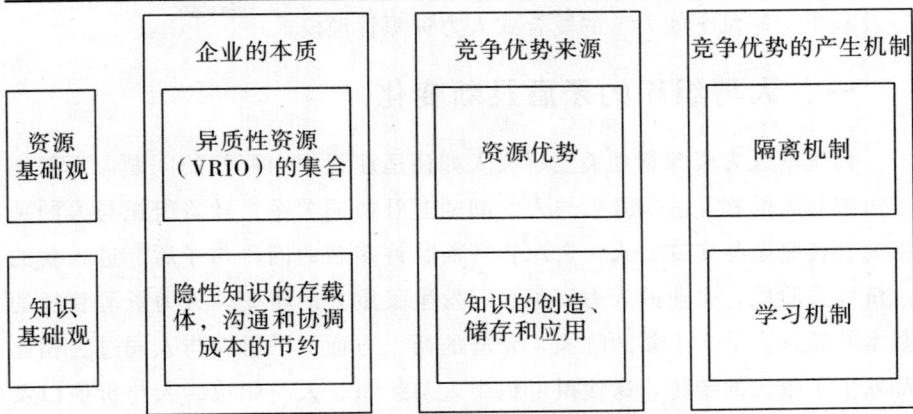

图 2-1　资源基础观与知识基础观

知识基础理论的出现，既是对现代社会越来越强调"知识经济"的呼应，也对组织设计和股东价值理论产生了巨大的冲击。一方面，过去的组织设计中强调层级制，但是这就涉及一个信息处理加工问题。组织层级在某种程度上限制了知识的跃迁，如垂直知识如何转移。这就使得越来越多的企业开始考虑通过专家流动来实现跨职能之间的协调此外，知识型员工日益重要，这就对公司决策分配产生了影响，公司的决策权与所有权不得不向知识型员工倾斜。例如，企业合伙制度就是知识基础理论在实践中一个充分的体现。另一方面，知识基础理论涉及对股东价值理论的冲击。

第二节　人力资源管理系统构建的基点——组织与人

人与组织的矛盾是人力资源管理的基本矛盾，如何正确处理组织与人之间的矛盾关平衡组织与人相互之间的利益与价值是人力资源管理研究中的一道难解之题。因人力资源管理系统构建的基点有两个：一个是组织，另一个是人。要厘清人力资源管理系统构建的基点，就必须要把握一个矛盾、三大系统和三种模式。一个矛盾是指人与组织的矛盾，是人力资源管理模式转变的原因；三大系统是人力资源管理系统构建的基点，包括组织系统、职位管理系统以及胜任力系统；三种模式是指人力资源管理的三种模式，包括基于职位的人力资源管理模式，基于能力的人力资源管理模式以及基于"职位＋能力"的复合式人力资源管理模式。

一、人与组织的矛盾及新变化

传统的人力资源管理关注解决人如何适应组织与职位的问题，而忽视了组织与人的相互适应及人与人之间的互补协同关系。随着组织与人的关系的日益复杂与多变，人力资源管理面临许多新的问题与矛盾。进入新的经济发展阶段，企业的人力资源管理发生了重大的转变，人力资源管理的基本矛盾进入了一个新的阶段，矛盾的两个方面——组织与人同过去相比都发生了很大的变化，这使得组织中人与组织、人与职位、人与价值以及人与人之间的关系都出现了很多新的特点。

（一）人与组织整体的矛盾及新变化

目前，学界认可的人与组织匹配研究的主流界定范围是关于人与他们所工作的组织之间产生相容性的前因和后果研究，人与组织整体的矛盾主要是指人和组织之间的适应性的问题，人的素质与能力要跟企业的愿景、使命、战略、文化与核心能力相匹配，要保持组织和人的同步成长和发展，使人内在的需求能够在组织中得到满足，个人价值得到实现；同时，人也要符合组织战略与文化的需求，个人目标与组织目标一致。人与组织的整体协同又包括三个层面的内容：第一，整个企业的核心人才队伍建设要与企业的核心能力相匹配，以支撑企业核心能力的形成；第二，企业的人才结构要符合企业业务结构与发展模式的需求，要依据企业业务结构的调整与优化进行人才结构的调整与优化；第三，每个个体的能力要符合企业战略和文化的需求，个体要认同组织的文化，形成自己的核心专长与技能。

（二）人与职位的矛盾及新变化

人与职位的矛盾主要是指人与职位的适应性问题，人要符合职位的需求，人的能力和职位的要求既要双向匹配，也要动态区配。人与职位的动态匹配和双向匹配需要解决三个方面的矛盾：第一，如何由过去的人与职位的单向匹配转向双向匹配。过去，人们按照职位的具体要求工作，现在，随着平台化组织的兴起，越来越多的企业开始把知识型员工根据不同的任务组合成项目制团队。知识型员工的高人力资本、工作自主等特性要求职位能够满足其特定的需求，以便开发个人及其团队更大的潜能，促进组织效率的提升。第二，如何由过去的人与职位的静态匹配转向动态匹配过去，人的素质和能力主要符合他所从事的某一个专业领域的能力需求。一方面，个人素质要符合关键岗位和特定岗位的需求；另一方面，特定的职位也要满足人的心理需要。第三，人与职位匹配的命题要适应过去基于"职位＋能力"的复合式管理体系向基于"任务＋能力"的复合式管理体系转变的要求。直到现在，国内外大部分企业还是采用基于"职位＋能力"的管理体系，以职位分析与管理系统及胜任力系统为基础，这也是战略人力资源管理系统框架的基础未来，随着区块链技术的发展和平台经济的兴起，组织网状化、无边界化、社会化，基于职位的人力资源管理职能逐渐会被基于任务的人力资源管理职能所替代，未来的战略人力资源管理要求组织的发展和人力资源的变化都要适应任务发展的变化，表现出动态适应的过程。

（三）人与价值之间的矛盾及新变化

在农业文明时期，组织与人形成了血缘性团队、地缘性组织；发展到工业文明时期，　组织与人形成了专业化的团队、科层制的组织；而到了智能化时代，组织与人的关系在重构，衍生出了细胞型组织、网状结构组织，组织围绕人在进行关系与价值重构，从体力劳动者为主导到知识工作者为主体，从资本雇佣劳动到人力资本与货币资本相互雇佣，从雇佣关系到合作伙伴，从人才管理到人才经营，从关注现实能力到关注潜能，从人力成本到人力资本，从人性为本到价值为本，从人才所有权到人才使用权，员工体验从物质激励到全面认可体验等，这些都意味着人已不再是价值创造的工具而是价值创造的自我驾驭者。人与价值问题已经成为人力资源管理的核心问题，人力资源管理既要上升为战略层面的组织活力的激活，又要落实到对个体的价值创造活力的激活，涉及以人力资源管理的价值创造、价值评价和价值分配为核心的人力资源价值链管理。

（四）人与人之间的矛盾及新变化

组织中人与人之间的矛盾主要是指组织中人与人的能力匹配和团队人才组合问题，即组织中人与人之间的有效配置问题。在知识型组织中，人在组织中往往不是固定在某一个点上（职位），而是在一个区域里面运动，跨团队、跨职能的团队运作是一种主要的组织工作模式，人力资源管理的矛盾更多地表现为人与人之间的关系，人与人之间的个性互补与能力匹配,人在团队中的角色定位与位置,要实现人与人之间的有效配置,就要研究人才的互补性聚集效应。

在组织、工作和价值观发生巨大变化的同时,组织中的人也发生了很大的变化。知识型员工已经成为员工队伍的主体,员工的能力成为企业竞争力的源泉,组织中人的主要变化具体表现在以下几个方面。

第一,知识型员工更具有工作自主性,有自我尊重的需求,个性自我张扬。人对工作自主性的要求,自我实现的需求以及对个性的诉求比以往任何一个社会都得到更多的重视。

第二,人的素质结构要素变得越来越复杂,既有冰山之上的显性素质要素,又有冰山之下的隐性素质要素。决定成功绩效的能力要素既包括一个人所具有的专业知识和行为方式等表层的因素,也包括个性、品质、价值观和内驱力等深层次的素质要素。组织对人的个性、价值观等深层次的素质要素需求越来越强烈,人的素质的内涵变得更加丰富而复杂多样。

第三,人的需求变得更加复杂,知识型员工的需求是复合性的。知识分子既有低层次的物质需求,也有高层次的知识和精神需求,各层次需求交织在一起。在这种条件下,人的需求是十分复杂的,满足了低层次的需求,再转而追求高层次的需求。知识型员工的需求层次结构要素是重叠的、混合的,不同层次的需求相互交织在一起。

第四,知识型员工的参与感越来越强烈,对于沟通、理解和信任有着越来越多的需求,工作自主性和个人潜能的发挥越来越成为人的一种追求,员工对于机会和发展空间的需求比以往任何时候都更为强烈。

总之,在新经济时代,组织和工作都发生了巨大的变化,人本身也发生了巨大的变化,组织、职位和人都变得更加复杂。组织和人的变化促进了人力资源管理的基本矛盾,即人与组织、职位、人之间的矛盾进一步深化,比以往任何一个时期都更加深刻,影响更为广泛。人力资源管理的基本矛盾进入一个新的发展阶段,关系更加复杂,矛盾更加激烈,影响更加深刻。

二、组织发展与组织系统

人力资源管理的基本命题是组织与人的匹配,涉及两个基本要点:组织与工作系统、组织与人,即职位与人的匹配。从个人层面看,人与组织匹配与组织文化认同度之间存在的密切关系。人与组织匹配在很大层面上就是衡量个人价值观与组织文化的匹配程度，因此可以用来预测个人与组织的匹配度而从组织层面上看，组织与工作系统就是人与组织的适应性在全局层面上的落地。因此，为了分析现代企业的真实情况，需要对现代组织发展现状、组织系统以及工作系统的研究进行阐述。

（一）现代组织发展现状

随着外部环境的快速发展，组织形态不断变化发展，迫使人力资源部门对其做出相应反应。例如，越来越多的互联网公司开始设立组织发展的岗位，在过去，企业组织形态从强调秩序、规则、等级、边界逐步开始向无序、开放、扁平、无界发展，衍生成一种类生态化组织。例如，海尔最早提出要与用户融合，并形成自己独特的并联生态圈。放眼全球的企业，包括一些世界级企业，他们所采用的组织模式就是"平台化＋生态化"，正是因为平台化管理和生态化的布局让这些企业被资本市场看好，使得这些企业内聚力量、外接资源，获得超速成长，而且获利能力很强。

从全球企业来看，所谓"平台化＋生态化"新型组织经营模式已成为学术界和实践界的一种共识。在这种模式下，通过构建"小微经营、大平台、富生态"的系统，一端要连接消费者，一端要连接产业资源，用平台化运作去满足消费者多样化的需求，快速响应消费者的需求变化及整体价值诉求。从国内来看，众多优秀企业都在实施生态化战略，构建"平台化＋生态化"组织。实际上，组织变革与业务流程整合的出现就是通过重构组织与人的关系，打造组织赋能平台，持续激活组织价值创造要素，提高组织活力与运营效能，构建组织新治理与新生态。

通过对现代组织发展现状的介绍可以发现，今天的企业要适应复杂、不确定的外部环境，要应对消费者瞬息万变的需求，要抓住互联网与知识经济的发展机遇，组织结构就需要从过去那种金字塔式的、科层式的垂直组织结构逐渐向扁平化、网络化的平台型组织结构转型，使组织变得更轻、更快、更简单、更灵活。此外，组织结构的变化也会促使工作和领导方式发生相应改变，取而代之的则是扁平化网状组织架构，这是一种非框架、非结构、非固定的状态。

（二）组织系统研究

任何企业在确定了以使命、愿景、战略和价值观的基础上，必须使其在组织和管理上得以有效的落实与传递。因此，组织设计就成为企业的目标系统与人力资源管理系统进行衔接的桥梁和纽带。关于组织设计的原理，主要包括组织模式的选择、部门设置和流程梳理。所谓组织模式的选择是指确定企业要采用什么样的组织结构类型，主要包括直线职能制、事业部制、集团公司制、项目制、矩阵制等。其中，最为典型的当数直线职能制、事业部制和矩阵制，而集团公司制在运作方式上与事业部制大体相似，项目制的组织结构有的可以看作一种动态的事业部制，有的则趋近于矩阵制的组织结构。

三、职位系统

在战略和组织系统研究的基础上，需要对组织的基本要素——职位进行系统性的研究和解析，以获取建立战略性人力资源管理体系的基础信息。

职位是指承担一系列工作职责的某一任职者所对应的组织位置，它是组织的基本构成单位。职位作为组织的实体要素，通过任职者的行为与组织实现各种有形或无形的"交换"，对这种"交换"过程的解析是人力资源管理系统得以建立的现实"土壤"，而"交换"的性质和特征以及交换过程中组织和任职者的反馈是实现人力资源管理系统运行有效性的根本动因。如何最大限度地激活双方的这种"交换"活动，实现组织和任职者的共赢是人力资源管理乃至所有企业管理活动根本的出发点和归宿。

职位在整个组织运行中的地位由组织结构和流程所构成的二维坐标系决定。从纵向角度来看，在组织的总体架构中，职位总是处于一定的层级中，面对上级的监督、指导同时对直接下级提供监督、指导，通过与这些纵向实体的"交换"活动，实现整个组织管理系统的正常运行；从横向角度来看、在组织的运行流程中，职位总是处于流程的某一环节或辅助环节，与流程的上游节点和下游节点实现"交换"，以保证组织运行流程的畅通。因此，应从横向和纵向两个角度系统地审视职位，寻求职位与组织"交换"的关键点，职位对组织的"贡献"和职位对组织的"索取"。

从职位本身角度来看，职位是一个开放式的"投入—过程—产出"系统。投入是工作者的任职资格（知识、技能与能力）以及完成工作所须用到的资源，过程是工作者完成的工作职责，而产出则是该工作（职位）所要达成的目标。这就构成现实工作完成的逻辑，即任职者通过运用自身的知识、技能与能力完成工作职责与任务，以此来满足组织的需要。而诸如工作关系、工作负荷等内容，均可以看作这个投入—过程—产出模型所存在、运行的环境，对其起着重要的支持作用。

职位是人力资源管理体系运行的最为基层的土壤，如何最大限度地激活职位与组织的"交换"活动是人力资源管理的基本命题。因此，对于职位系统的研究构成了人力资源管理体系的支柱之一。

人力资源管理系统不是建立在单一的岗位基础之上，而是建立在职位管理系统之上。职位管理系统是建立在对企业业务结构、组织结构与流程的深刻认识与理解基础之上的，包括职能体系、职类体系、职种体系和职位体系。职位管理系统是现代人力资源管理系统双轮驱动要素中的一个，对人力资源管理系统中的其他职能模块起支撑作用。

四、胜任力系统

在数字化时代，知识型员工已经成为员工队伍的主体，员工的能力成为企业竞争力的源泉，人与组织的矛盾也变得越来越错综复杂。人与组织的关系已经不再局限于人与职位的关系，还包括人与组织文化、人与组织战略、人与业务模式、人与业务流程、人与人之间的关系等。这就使得人力资源管理研究的立足点不再局限于职位，而越来越关注对人本身的正确认识和理解。决定成功绩效的素质要素既包括一个人的专业知识和技能等表层因素，更包括个性、品质、价值观和内驱力等深层次的素质要素。这也使胜任力研究由过去关注个人胜任力到现在关注全面的胜任力，现在的胜任力体系包括以下四个层面的内容。

（一）全员通用的胜任力模型

这是所谓的核心胜任力模型，是基于一个公司的战略、文化以及产业特性对人的需求，是一个组织的员工所必须达到的最基本的素质。

（二）从事某个专业领域工作所必须具备的素质和能力

这种素质我们称为专业胜任力。这种胜任力模型是基于职业发展通道、职类职种构建的，它是从事某一类别的职位所应该具备的素质。例如，从事人力资源管理工作、营销工作、财务工作等，专业胜任力模型是根据业务模式及流程的分析对人的素质要求演绎的。

（三）团队结构素质

这是主要基于团队任务的分析，基于人与人的互补性组合，研究具备不同素质的人怎样搭配才能产生互补性聚合效应。

现在胜任力在层次上的应用非常混乱，有的公司做的是全员素质模型，有的公司做的是有业素质模型，还有的公司做的是岗位个体素质模型。实际上，企业必须在四个层次上同时应用，胜任力体系才能真正成为现代人力资源管理系统双轮驱动要素，才能真正产生价值。

五、基于"职位＋能力"的复合式人力资源管理模式

职位和人的变化使得组织与人之间的信息越来越不对称，人力资源管理的基本矛盾进一步深化，发展到一个新的阶段，这就导致以职位为核心的传统人力资源管理系统难以适应以知识型员工为主导的能力发展需求，企业的管理实践对人力资源管理提出了新的要求，基于能力的人力资源管理应运而生。当然，单一的基于职位的人力资源管理或者基于能力的人力资源管理都不能解决目前复杂的人力资源管理问题，另外，人力资源管理归根到底是基于职位还是基于能力并不是绝对的，因此，对中企业而言，建立"职位＋能力"的复合式人力资源管理系统是一种现实选择。

（一）基于职位的人力资源管理模式

经典的人力资源管理是以职位为核心的，其内容主要包括：职务分析与评估；基于职务价值的薪酬有效配置；因岗设人，严格定编、定员、定岗。其特点主要有以下六个方面。

第一，以提高组织效率为核心，偏重思考组织对人才的需求，而忽视人才的需求。

第二，基于职位来确定人在组织中的地位和价值，并形成以职位价值为核心的薪酬体系。

第三，因岗设人，人要符合职位的需求，以职位为核心来确定人与组织以及人与职位之间的关系。

第四，以职位所赋予的行政权力来处理上、下级关系及组织成员之间的协同，建立基于职位基础上的合理、合法权威，权力是协调组织与成员以及组织成员之间相互关系的基本准则。

第五，职位分析信息与职位价值成为人力资源各项职能活动的基础与

依据。

第六，组织是以官本位为核心的，职业通道是单一的。

（二）基于能力的人力资源管理模式

相对于以职位为核心的人力资源管理，基于能力的人力资源管理的特点则显示出了极大的不同，这主要表现在以下几个方面。

第一，基于能力的人力资源管理的哲学基础是以人为本（尊重人性、以人的能力与价值贡献为本），既考虑组织需求又考虑人的需求，注重双向需求的平衡与满足。

第二，基于能力的人力资源管理的核心目标是实现组织与人的同步成长和发展，人的能力的提升成为组织绩效目标与人力资源管理的核心目标之一；员工的绩效不仅取决于所拥有的知识和技能，更取决于内在的个性、品质、价值观、态度、内驱力这些要素，人的潜能开发成为人力资源管理的核心内容之一。

第三，数字化时代，组织变革加速，知识型员工成为主体，组织与人之间的矛盾比以往任何时候都更为复杂，人力资源管理的核心问题不再局限于人与职位的匹配，而是拓展到人与战略文化、人与业务流程、人与岗位、人与人的有效匹配，企业不仅要因岗设人，而且要因人设岗。

第四，基于能力的人力资源管理的重心从以职位为核心转向以人为核心，人力资源管理的基点由单一的职位转向"职位＋能力"（职位管理体系与胜任力系统）的双重支撑体系；胜任力已成为人力资源管理的新发展和新领域，在人力资源开发与管理实践中的应用价值日益得到体现与认可，对胜任力的分析与评价技术已逐渐取代传统的职务分析与评价技术，成为人力资源管理的核心工具与技术之一。

第五，人力资源管理机制不再以职位所赋予的权力与利益驱动，而是强调责任与能力驱动，要实现权力、利益、责任、能力四位一体的人力资源驱动机制。

第六，基于能力的人力资源薪酬激励管理不再以单一的职业通道和以职务价值为核心的窄道薪酬模式构建薪酬激励体系，而是以宽幅的薪酬模式、多元的全面薪酬体系对员工进行有效激励。

第七，基于能力的人力资源绩效考核管理不再以单一的结果考核为导向，而是强调结果与过程的有机整合，强调组织的绩效不是考出来的，而是对人的潜能评价（选人）、潜能开发（行为）、潜能开发效果（结果）进行全过程的管理，强调从选人开始构建全面的绩效管理体系。

第八，基于能力的人力资源管理强调以胜任力为核心对员工进行培训开发，制订员工的职业发展计划，基于组织的核心能力及员工的核心专长与技能的培育，制定一体化培训开发解决方案。

第九，基于能力的人力资源管理以知识与信息管理为平台，强调对员工内在的智慧资源进行有效管理，重视个人知识公司化企业不仅要留身，更重要的是留智、留心，同时通过组织内共享的知识与信息平台的建立放大个人能力效应。

第十，基于能力的人力资源管理，关注员工对组织价值观的认同，重视基于价值观的领导力开发，强调人力资源管理是全体管理者及全体员工的责任，要求人力资源管理者在组织中扮演多种角色。

基于能力的人力资源管理模式已在企业实践的操作层面上得到了广泛的应用。

（三）基于"职位＋能力"的复合式人力资源管理模式

基于"职位＋能力"的复合式人力资源管理模式有两个关键点，即职位与能力因此，必须厘清两个问题：一是人力资源系统设计必须基于对企业业务结构、组织结构与流程的深刻认识与理解，在对组织业务与流程研究的基础上，构建和设计企业的职类、职种系列，在职类、职种的基础上进一步研究职位；二是基于对企业核心能力的深刻认识，确定核心人才队伍及其结构以及每一个核心人才所应拥有的核心专长与技能，并建立相应的胜任力模型。在对人的潜能和素质进行评价的基础上，认清企业未来的核心能力，以此培养、配置、开发人才。

基于"职位＋能力"的复合式人力资源管理模式与前两种模式相比具有四个方面的特点：第一，从关注单一的岗位到建立职位管理系统（职能、职类、职种和职位体系）。第二，从关注单一岗位的胜任力到建立胜任力系统（全员核心胜任力、领导者胜任力、专业胜任力、关键岗位胜任力和团队结构胜任力）。第三，在职应管理系统的基础上引入能力要素，关注人的潜能开发、人岗匹配与文化匹配（文化与职业生涯匹配）、绩效中的过程管理（行为与能力）、薪酬决定中的能力要素、培训开发中的个性化与一体化解决方案。第四，开放职业通道，建立基于职业通道的任职资格管理体系。

第三节   战略性人力资源管理系统的 "10＋1" 职能模块

前面的内容对人力资源管理系统设计的依据和基础进行了阐述，在此基础之上，企业可以对人力资源管理系统的职能模块进行设计。根据现代企业的人力资源管理理论研究和实践经验，人力资源管理系统的十大职能模块包括：战略规划系统、职位管理系统、胜任力系统、招募与配置系统、绩效管理系统、薪酬管理系统、培训与开发系统、再配置与退出系统、员工关系管理系统以及大数据管理系统（如图2－2所示）。另外，除了十大系统之外，还有一个辅助职能模块是人力资源外包系统。通过这"10＋1"职能模块的有机运行，能够实现企业选人、用人、育人、留人和人员退出这五大功能。

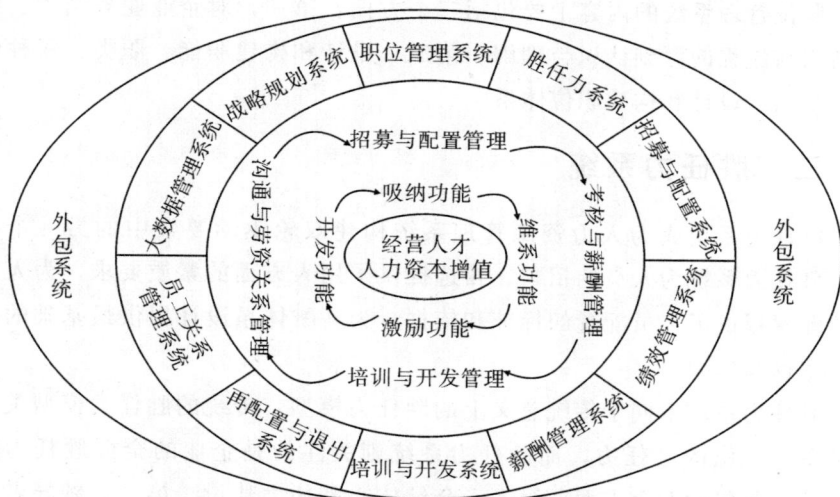

图2－2   战略性的人力资源管理系统 "10＋1" 职能模块

一、战略规划系统

战略规划的功能主要包括：通过战略规划职能实现企业战略与人力资源的有效衔接，使人力资源规划成为企业战略落地的工具之一。通过有效的人力资源战略与规划，人力资源管理具有前瞻性和战略性，人力资本得到优先投资和开发，基于战略性进行人才储备，以满足企业高速成长和未来发展的需要。人力资源规划是技术性和操作性很强的人力资源专业职能领域，通过人力资源规划技术的创新，提高人力资源战略规划的有效性和可操作性。

二、职位管理系统

职位管理系统是人力资源管理系统构建的双轮驱动要素之一，对其他各人力资源模块都具有十分重要的支撑作用。传统意义上的人力资源管理的基础是职位是指整个人力资源管理的基础体系建立在职位上，但其主要内容是通过职位分析形成职位说明书，进而为人力资源管理奠定基础而随着现代企业的不断发展，单一的职位分析已经不能满足企业人力资源管理的需要，同时，仅仅考虑职位说明书对很多企业也已不适用。要从关注单一的职位到建立职位管理系统（职能、职种、职位），对职位体系进行整体规划、合理分类。

职位管理系统的内容主要包括三个方面：第一，对企业业务结构、组织结构与流程的深刻认识与理解。第二，设计和构建职能、职类、职种体系。第三，设计和构建职位体系。

三、胜任力系统

胜任力系统成为人力资源管理系统构建双轮驱动要素中的另一个要素，胜任力系统为人员的招聘、甄选提供了用人方面的素质要求，为人力资源配置提供了人员配置的标准和依据，为薪酬体系设计提供最基础的标准、依据和框架。

胜任力系统不同于传统意义上的胜任力模型：传统的胜任力模型关注的是单一岗位的胜任力，而胜任力系统则关注的是企业的全面胜任力建设。其主要包括五个方面：第一，全员核心胜任力建设。第二，领导者胜任力建设。第三，专业胜任力建设。第四，关键岗位胜任力建设。第五，团队结构胜任力建设。

四、招募与配置系统

招募与配置系统是指根据组织战略和人力资源规划的要求，通过各种渠道识别、选取、发掘、配置有价值的员工的一个系统过程。人力资源的招募与配置系统包括组织发现人力资源获取的需求，进行人力资源获取决策，劳动力市场相对位置分析、人员招募以及人员甄选并配置等环节，其最终的落脚点是人员甄选这一技术性的环节。该系统建立的基础是组织的职位管理系统和胜任力系统，并根据这些职位或人力资源的内在特征选择具体的、适用的人员招募方法、渠道以及人员甄选工具。

　　成功的人力资源招募与配置活动对于构建和维持一个成功的组织体系是至关重要的，人是所有组织的、技术的、财务的或者管理过程和系统的核心，如果没有合适的人管理这些系统，即使有好的技术和系统，组织绩效一样会很低。现阶段，组织的成功越来越多地取决于其服务质量的高低以及开发新产品和服务的能力大小，以此区别于传统的产业经济。在这一竞争环境中，如何获取适合组织发展的人力资源变得越来越重要，因此，招募和配置系统成为企业人力资源管理系统中的一个重要组成部分，这关系到企业能否招聘到合适的人员并对他们进行合理的配置。

五、培训与开发系统

　　培训与开发系统是企业向员工提供工作所必需的或未来工作中所需要用到的知识与技能，并依据员工需求与组织发展要求对员工的潜能开发与职业发展进行系统设计与规划的系统过程。培训与开发系统是企业人力资源管理体系的子系统，作为该系统的重要组成部分，它与其他人力资源管理模块之间存在密切的联系，如果将人力资源开发与管理体系比喻为一辆"汽车"，任职资格系统是"车架"，人力资源战略与规划系统是"方向盘"，绩效管理系统是"发动机"，薪酬管理系统是"燃料"和"润滑剂"，培训与开发系统则是"加速器"。企业要想保证并持续加速员工核心专长与技能的形成，就必须建立有效的培训与开发系统，并使之能很好地与其他人力资源子系统相衔接，产生协同效应。

　　培训与开发系统主要包括四个方面：第一，了解和掌握公司的战略发展以及员工的能力与素质状态，为公司的培训与开发计划的制订提供依据。第二，根据员工的潜能特点及组织需求，帮助员工制订职业发展与个人能力开发计划。第三，培训实施过程管理。第四，对培训与开发效果进行评估。

六、再配置与退出系统

人力资源再配置与退出系统是组织根据在实际工作中员工与职位匹配程度或员工个人因素，对员工重新评价、重新配置，乃至退出的系统过程。人员再配置与退出管理是企业人力资源机制创新的需要，是组织新陈代谢、人员新老更替、人才持续激活的需要。企业要保持人力资源的活力，要增强员工的危机意识与竞争意识，使人才能进能出、能上能下，就必须对人员进行结构优化及对人员退出进行机制设计。人员再配置与退出系统包括三个方面：第一，人员竞聘上岗制度。第二，末位淘汰制度。第三，人员退出机制与方式，人员退出的方式包括身份退出、岗位退出和组织退出。

七、员工关系管理系统

员工关系管理系统是企业人力资源管理系统的一项基本要素。从人力资源管理系统角度看，员工关系管理系统的主要内容既包含员工关系的建立和解除，也包括在此期间员工和组织间的互动参与，主要目的是从利益相关者平衡的角度，通过员工关系的管理，充分调动员工的积极性和主动性，从而提升员工对组织的满意度和幸福感，最终促使员工个人绩效和组织绩效的提升。

从人力资源管理职能来看，员工关系管理的主要内容包括：员工关系的建立与维护；劳动争议的协调与处理；员工关系的诊断与管理评价；员工参与和沟通管理；员工离职管理；员工保护与帮助；员工的心理健康管理；员工纪律管理；员工职业健康安全管理。

八、大数据人力资源管理系统

大数据人力资源管理系统是以员工在工作中产生的非结构化数据作为出发点，通过数据分析技术、经验、工具，向员工和管理者提供人才方面有实时性或洞察力的决策参考的一个系统过程，大数据是一种庞大的数据信息资源，它因巨大的体量产生了量变到质变的效果，从而具备了以往数据库所不具备的特点。人力资源大数据具有相关性，流转性、分散性等特点。目前，大数据人力资源管理已经涉及"选用育留"的各个环节，并且仍在不断渗入和取代传统的管理职能。大数据人力资源管理系统不应仅为人力资源管理做支撑，还应为企业的战略决策服务，用大数据实现人才精准对接和人才产品服务，在数字化时代，由大数据驱动的平台型组织将会发挥巨大的优势。

九、人力资源外包系统

作为人力资源管理系统的辅助，人力资源外包系统是指将原来由企业内部人力资源部承担的工作职能，包括人员招聘、工资发放、薪酬方案设计、保险福利管理、员工培训与开发等，通过招标的方式签约付费委托给专业从事相关服务的外包服务商的系统过程。

"10＋1"职能模块并不是独自发挥作用的，而是相互联系、相互作用，在人力资源管理机制作用下呈系统化运行。

第四节 人力资源管理系统运行机制

一、四大支柱

人力资源管理系统运行机制中的四大支柱包括机制、制度、流程和技术，这四者相互联系、共同作用。

（一）机制是指事物发挥作用的机制或者原理

人力资源管理机制的作用在于从本质上揭示人力资源管理系统的各要素通过什么样的机制整合企业的人力资源以及整合人力资源之后所达到的状态和效果。

（二）制度是指要求组织成员共同遵守的办事规程或行动准则

人力资源管理制度的作用在于通过科学化、系统化的人力资源管理制度设计，建立包括责任、权力、利益、能力运行规则在内的理性权威。

（三）流程是指多个人员、多个活动有序的组合

流程关心的是谁做了什么事，产生了什么结果，传递了什么信息给谁，这些活动一定是以创造价值为导向的，人力资源管理流程的作用在于建立以客户价值为导向的人力资源业务流程体系，打通人力资源业务流程与企业其他核心流程的关系。

（四）技术是指通过改造环境以实现特定目标的特定方法

人力资源管理技术的作用在于通过研究、引进、创新人力资源的管理技术，提高人力资源开发与管理的有效性和科学性。

二、四大机制

人力资源管理的内在基本问题与矛盾是组织与人的矛盾由于信息的不对称、组织变革的加速、管理对象的复杂性与需求的多样性日益加剧，使得组织与人的矛盾比以往任何时候都激烈。如何协调人与组织的矛盾，使员工与企业共同成长和发展，这就需要通过内在的机制进行协调，学者在进行人力资源管理理论本土化研究的基础上，提出了人力资源管理的四大机制模型，即牵引机制、激励机制、评价约束机制和竞争淘汰机制。这四大机制相互协同，从不同的角度来整合和激活组织的人力资源，驱动企业人力资源各系统要素的有效衔接与整体运行，提升人力资源管理的有效性（如图 2-3 所示）。

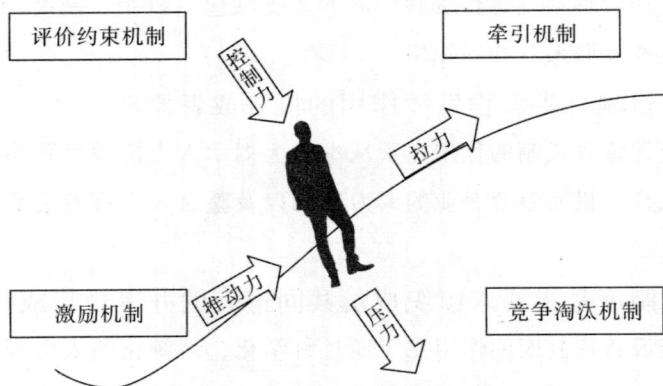

图 2-3　组织与人的四大机制模型

（一）牵引机制

所谓牵引机制，是指组织通过其愿景与目标的牵引以及明确组织对员工的期望和要求，使员工能够正确地选择自身的行为，最终将员工的努力和贡献纳入帮助企业完成其目标、提升其核心能力的轨道上。牵引机制的关键在于向员工清晰地表达组织的愿景、目标，组织对员工的期望和要求以及工作对员工的行为和绩效基准要求。因此，牵引机制主要依靠以下人力资源管理模块实现：企业的价值观与目标牵引、职位管理与任职资格体系、业绩管理体系、职业生涯与能力开发体系。

（二）激励机制

要驱动员工朝着组织所期望的目标努力，必须通过建立有效的激励机制实现。激励的本质是员工去做某件事的意愿，这种意愿是以满足员工的个人需要为条件的。因此激励的核心在于对员工的内在需求的准确把握与满足，并依此提供差异化的人力资源产品与服务。随着管理对象越来越复杂，员工的内在需求日益呈现多元化、差异化、复合化的特征。因此，单一的激励要素难以满足多层次的、个性化的员工需求。组织要把员工当客户，像对待客户一样去了解、研究员工的需求，并运用多元的激励要素为员工提供差异化的人力资源产品与服务。激励机制主要依靠以下人力资源管理模块来实现：分层分类的薪酬体系（职权、机会、工资、奖金、股权、荣誉、信息分享、学习深造）、多元化薪酬体系与全面薪酬设计（基于职位的薪酬体系、基于能力的薪酬体系、基于市场的薪酬体系、基于业绩的分享薪酬体系、货币性与非货币性报酬的系统激励）。

（三）评价约束机制

要使员工的行为不偏离组织所预定的轨道，必须建立有效的评价约束机制。评价约束机制的本质是对员工的能力与绩效进行有效的客观评价，同时对员工不符合组织要求的行为进行纠偏和修正，使其行为始终在预定的轨道上运行。约束机制的核心内容包括人才评价标准、规则约束（合同与制度、法律）、信用道德管理（人才信用系统）、文化道德约束（文化认同与道德底线）。此外还包括：信息反馈与监控，岗位、能力、绩效、态度评价，经营计划与预算，行为的标准化、职业化和基本行为规范。

（四）竞争淘汰机制

要将组织外部的竞争压力传递到组织内部，要持续激活组织内部的人力资源，企业不仅要有正向的牵引机制和激励机制，不断推动员工提升自己的能力和业绩，还必须有反向的竞争淘汰机制，将不适合组织成长和发展需要的员工释放于组织之外，同时将外部市场的压力传递到组织之中，从而实现对企业人力资源的激活，防止人力资本的沉淀或者缩水，企业的竞争与淘汰机制在制度上主要体现为竞聘上岗制度与末位淘汰制度以及相配套的人才退出制度。竞聘上岗与末位淘汰制度实现四能机制，即能上能下、能左能右、能进能出、能升能降，人才退出制度则包括内部创业制度、轮岗制度、自由转会制度、待岗制度、内部人才市场、提前退休计划、自愿离职计划和学习深造。

三、一个核心——企业人力资源价值链管理的整合

人类发展到今天，进入了智能文明时代。这个时代包括数字化、大链接、智能文明、知识文明等，人力资源开始注重人的潜能开发、价值创造的活力以及人的价值创造的能力、人力资源效能的提升，人力资源管理不仅要实现企业的战略目标，更重要的是实现人的价值成长。企业资本除了物质资本以外，更重要的是人力资本价值增值。此外，目前人力资源管理已进入精准核算阶段，就是大数据人力资源管理通过数字化、大链接实现人的价值成长，致力于人的价值创造活力，提升人的价值创造能力，提升人力资源效能，激活整个组织。所以，人力资源管理既要上升为战略层面又要落实到对人的价值创造活力的激活，从而激活组织活力这个时代是人力资本价值管理的时代，这个时代需要的是跨界思维、无边界管理，构建互动与交互式人力资源价值创造网络。

通过前面对人力资源管理四大机制的内在要素的分析可以看出，考核评价体系和薪酬分配体系往往在不同的机制中同时出现，并且协同发挥作用，从而成为整个人力资源管理机制的重心。进一步而言，整个人力资源管理机制的重心在于对企业的人力资源价值链的整合。所谓人力资源价值链是指关于人力资源在企业中的价值创造、价值评价、价值分配三个环节

所形成的整个人力资源管理的横向链条（如图2-4所示），具体包括以下几个方面。

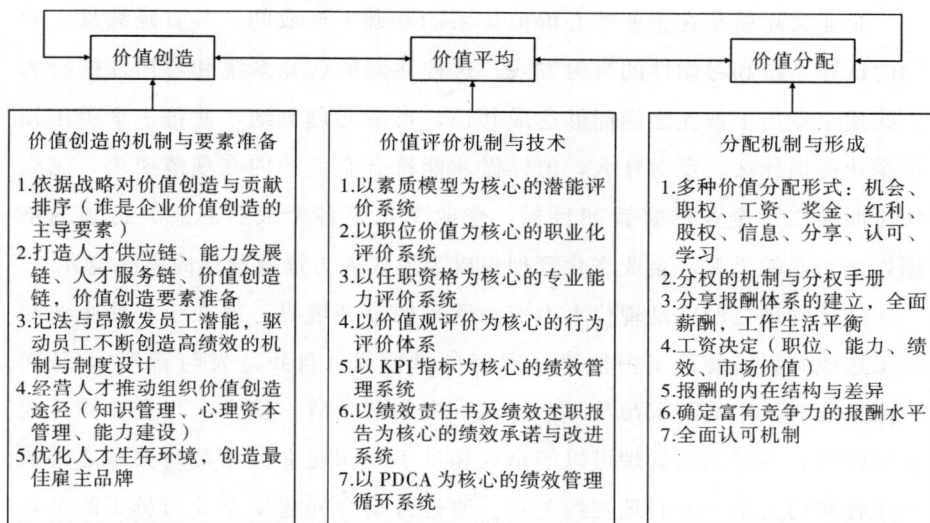

图2-4 人力资源开发与管理系统的核心——价值管理循环图

价值创造环节即要从企业价值创造的主体和要素出发，建立企业的价值理念并通过价值创造机制与制度设计激发员工潜能，驱动员工不断创造价值。价值评价环节即要以价值创造环节所确定的价值理念为依据，明确这些价值创造的主体与要素都创造了多少价值，从而为价值的分配奠定基础。价值分配环节即要在前面两个环节的基础上，对公司创造的所有价值进行公平合理的分配与再分配。

价值创造环节为价值评价与价值分配提供理念与原则；价值评价为价值分配提供具体的依据和标准；价值分配又通过对员工的激励和劳动耗费的补偿成为新一轮价值创造的起点。这三个环节形成一个前后呼应的有机整体，两两环节相互循环，从而使得职位管理体系、胜任力能力体系、绩效考核体系、薪酬分配体系等能够形成有效的呼应与配合，而这些相互整合的要素又是企业人力资源管理机制的主体，从而使得企业的牵引机制、激励机制、约束机制能够相互整合，形成一个有机整体。

四、最高境界——文化管理

企业文化就是在企业核心价值体系的基础上形成的，具有延续性、共同的认知系统和习惯性的行为方式。这种共同的认知系统和习惯性的行为方式使企业员工彼此之间能够达成共识，形成心理契约，使每一个员工知道企业提倡什么、反对什么，怎样做才能符合企业的内在规范要求，怎么做可能会违背企业的宗旨和目标。企业文化是各个成员思想、行为的依据，是企业的灵魂。企业文化管理也成为现代人力资源管理的最高境界。

文化管理之所以是现代人力资源管理的最高境界，就在于它使企业与员工达成共识，使员工由他律管理到自律管理（自我开发与管理），从而协调企业对员工的需求与员工个人需求之间的矛盾，使个人与企业同步成长。同时，通过文化管理可以使企业和员工之间建立劳动契约关系之外的另一种契约关系——心理契约关系。通过劳动合同建立企业与员工的劳动契约关系，劳动契约关系是最基础的行为准则，是刚性的规范；而心理契约管理是软性的规范，是人的内在的、自觉的约束。通过建立心理契约关系可以实现员工从"他律"到"自律"，从"要我干"到"我要干"。通过企业文化管理，可以使企业全体员工衷心认同企业的核心价值观念和使命感，促进员工奋发向上的决心，确保企业经营业绩不断提高，积极地推动组织变革和发展。

第三章　人力资源战略规划

第一节　人力资源战略规划的含义、功能与内容

一、人力资源战略规划的含义

（一）人力资源管理战略与战略人力资源管理

当前的研究与讨论中，有关人力资源管理战略（HRMS）与战略人力资源管理（SHRM）的概念区别并不是很明显，并且往往出现混淆使用的现象。从字面上来看，这两个概念的落脚点一个在于战略，一个在于管理活动，这两个概念既存在联系又有所区别。从二者的共性来讲，两个概念的基本范畴是一致的，都是关注如何将企业战略与人力资源管理的相关方面进行联系或使之一致，都关注发挥人力资源管理的战略性功能、体现人力资源管理的战略性价值。这个共同的战略前提和指向基础，使这两个概念在内涵和本质上并没有分歧。虽然两个概念的界定方式有差别，但它们之间有密切的逻辑关系（如图3-1所示）。

图3-1　HRMS 与 SHRM

从二者的区别来看具体可分为以下几个方面。

第一，前者强调"人力资源战略"这个术语中"战略"的含义，后者强调该术语中"人力资源管理"具体内容方面的构建。

第二，前者旨在解决诸如人力资源管理的战略性命题如何提取，人力资源目标如何确定，如何进行规划等问题，关于应该决策或规划哪些具体内容则是后者主要解决的问题。

第三，前者旨在给出做 HRMS 的思路和方法，后者旨在给出所做的 HRMS 应包含哪些具体的内容和要素以及如何实现它们之间的有机逻辑联系。

第四，前者的界定更强调对 HRMS 的设计和制定，后者更为强调 HRMS 的执行意义。因此前者是人力资源战略的设计，后者是人力资源战略的执行。

（二）人力资源战略规划的定义

人力资源战略规划的定义有广义和狭义之分。广义的人力资源战略规划是指根据组织战略、目标及内外部环境变化，预测未来任务和环境对组织的要求及为完成任务和满足要求而提供人力资源的过程。换言之，广义的人力资源战略规划强调人力资源对组织战略目标的支撑作用，从战略层面考虑人力资源战略规划的内容和作用。因此，它既包括了人力资源数量、素质与结构的系统规划与安排，还包括了实现人力资源战略目标的策略及相应职能的系统安排，其作用可以等同于人力资源管理战略，是企业竞争战略的有机组成部分。狭义的人力资源战略规划是指对企业可能的人员需求及供给情况做出预测，并据此储备或减少相应的人力资源。可见，狭义的人力资源战略规划以追求人力资源的平衡为根本目的，它主要关注的是人力资源供求之间的数量、素质与结构的匹配。

依据人力资源战略规划的着眼点不同，可以分为仅考虑组织利益的人力资源战略规划和兼顾组织与个人利益的人力资源战略规划。前一种观点认为人力资源战略规划就是将一定数量和素质的人力资源安排到通常为金字塔结构的各级工作岗位上。从组织的目标、发展和利益要求出发，在适当的时间向特定的工作岗位提供符合岗位要求的人才，以满足特定生产资料对人力资源数量、素质和结构的要求。显然，这是受古典管理思想影响的产物，后一种观点认为，人力资源战略规划是在有效设定组织目标和满足个人目标之间保持平衡的条件下，使组织拥有与工作任务要求相适应的必要数量和素质的人力资源，这种观点认为人力资源战略规划所要实现的组织目标包括个人利益的实现，人力资源规划是力求使组织发展与个人发展协调一致的过程，其最终目的是实现组织与个人的同步成长。显然，行为科学对此观点的形成有深刻的影响。

无论何种人力资源战略规划定义，都大致包括如下含义。

第一，组织外部的政治环境、经济环境、技术、文化等处于不断变化之中，使得组织的战略目标也不断调整，进而使组织内部和外部的人力资源供给与需求也处于不断变动之中，寻求人力资源供给与需求的动态平衡是人力资源规划的基点，也是人力资源战略规划存在的必要条件。

第二，人力资源战略规划是以组织战略目标为基础的，当组织战略目标与经营方式发生变化时，人力资源战略规划也随之发生变化。因此，人力资源战略规划的过程是一个不断调整的动态过程。

第三，人力资源战略规划是一个依据人力资源战略对组织所需人力资源进行调整、配置和补充的过程，而不单单是预测人力资源供给与需求的变化，在此过程中，必须有其他人力资源管理系统的配合与支持，才能保证适时、适人、适岗。

第四，人力资源战略规划是要保障组织和个体都获得长期利益，但更多的是确保组织的利益得到实现，保障个体利益主要是由其他人力资源管理系统实现的，而不单单是一个规划系统就能解决问题的。

因此，人力资源战略规划是通过战略性人力资源管理职能活动及战略性制度安排，以实现组织人力资源的有效获取、开发和优化配置，并支撑企业战略目标实现的系统解决方案和管理过程。

二、人力资源战略规划的功能

人力资源战略规划的功能主要有以下几个方面。

第一，通过人力资源战略规划，实现企业战略与人力资源的有效衔接，使人力资源规划成为企业战略落地的工具之一。

第二，通过有效的人力资源战略规划，使人力资源管理具有前瞻性和战略性，使人力资本优先投资和开发，并基于战略进行人才储备，以满足企业高速成长和未来发展的需要。

第三，人力资源规划是一门技术性和操作性很强的人力资源专业职能领域，通过人力资源规划技术的创新，提高人力资源战略规划的有效性和可操作性。

三、人力资源战略规划的内容

（一）人力资源战略规划的内容框架

图 3-2 展示的是人力资源战略规划的内容框架说明，人力资源战略规划的源头在于企业的战略分析，首先，通过分析企业的产业环境、战略能力、使命愿景、战略目标及业务发展目标，从而确定人力资源管理如何支撑企业战略的实现，企业需要什么样的人才结构才能实现企业的战略目标。其次，在确定人力资源战略使命与愿景目标之后，人力资源部门及直线经理应该明确各自的工作职责与需要发挥的功能，制订人力资源管理战略执行计划，构建 HRM 平台作为人力资源管理战略的实施保障。最后，需要对人力资源管理的有效性进行评估，考核人力资源管理给企业带来了多大的价值贡献，并利用评价结果对企业战略及人力资源战略进行调整，实现"企业战略—人力资源战略—人力资源战略规划"的良性互动，增强人力资源管理的价值创造能力。

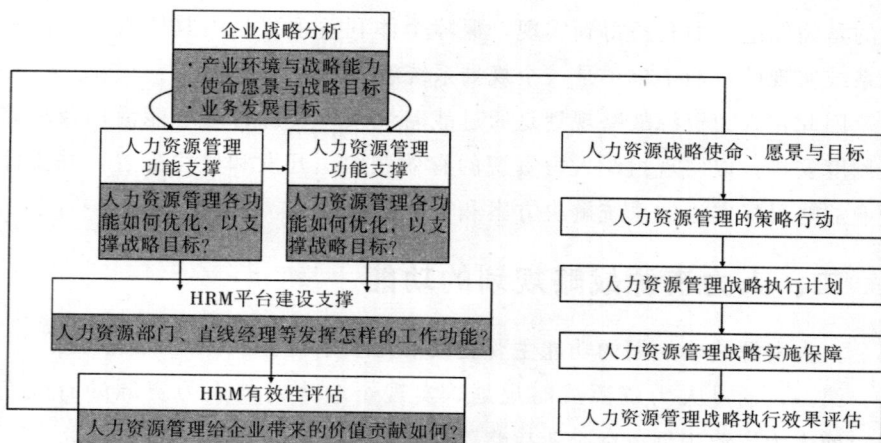

图 3-2　人力资源战略规划的内容框架

（二）人力资源战略规划的八大内容

1. 三项基础分析工作

作为人力资源战略规划的基础，企业需要开展三项工作。

（1）从外部环境因素及内部资源与能力因素两个层面对企业战略进行解读与分析，即人力资源战略规划首先要反映企业的战略诉求，满足企业的战略需要，外部环境包括企业外部的经济、社会及技术环境等，一般短期内不受企业控制。内部资源与能力指企业内部的人力、物力、财力资源及企业的组织能力（如组织结构、组织文化及人才资源等）。因此，人力资源战略规划的首要工作其实是了解战略。

（2）企业人才盘点与战略需求差异性分析（战略需求标杆），即企业人力资源的规划要基于企业的问题和现状以及企业的资源与能力，要以问题为导向，以战略为依据，提出渐进式系统解决方案。企业进行人才盘点首先要确定其目的，并紧密围绕企业未来1～3年的战略规划进行人才供需分析，明确企业资源现状与战略目标之间的差距，因此，人力资源战略规划的这项分析工作其实是在了解企业自己。

（3）行业最佳人力资源实践研究与差异性分析即人力资源管理的标杆研究和设定，主要为企业人力资源管理体系对标提供依据各行业都有自己的领先企业，需要对领先企业进行全面分析，学习其管理过程中的优秀模式和方法，找出差距，并寻找自身优势。因此，这项分析工作其实是在了解竞争对手。

2．人力资源战略规划理念指引体制线建设

人力资源战略规划的理念具体包括企业人力资源管理理念、战略目标、策略与政策的研讨、提炼和确定，这是人力资源战略规划的根本出发点。在对人力资源战略进行解读的基础上，明确实施人力资源战略所需建立的体制线，包括人力资源管控模式、人力资源机制制度及特殊专项问题等。具体而言，人力资源管控模式一般出现在集团化的公司运营过程中，通常包括集中式人力资源管控、引导服务式人力资源管控及委派式人力资源管控三种模式，人力资源机制制度即企业日常运营中的人力资源制度及政策，特殊专项问题指人力资源机制制度中需要单独管理或特别商议的事项。

3．开展组织基础建设规划

在进行三项基础分析工作和确定人力资源战略规划依据的基础上，应开展组织基础建设规划，其具体工作包括企业家的人力资源战略意识的确立与各级管理者人力资源管理责任的明确；高层人力资源管理组织的建

设，如人力资源战略委员会的建设；人力资源部门战略管理职能的确定与战略规划能力的提升，以确定战略性的具体职能。组织基础建设规划的实质是为人力资源战略规划的具体活动的开展明确目标、主体、责任和职能。

4．人力资源数量、素质与结构规划的能力线建设

根据体制线的要求和人才盘点的结果，对人力资源的数量、素质及结构进行规划，这个三方面的内容为企业人力资源管理提供了指导方针和政策。

（1）人力资源数量规划

人力资源数量规划是依据企业战略对未来企业业务规模、地域分布、商业模式、业务流程和组织结构等因素，确定未来企业各级组织人力资源编制及各职类职种人员配比关系或比例，并在此基础上制订企业未来人力资源需求计划和供给计划。

主要步骤如下。

①结合近十年企业经营统计数据分析和企业发展的行业特点，判断企业处于不同阶段的主业务流程及业务特点，并确定组织中哪些职位是关键职位和重点职位。

②依据组织的职能域，梳理组织设计中的关键职位和重点职位，明确引起这些职位变动的驱动因素（即预测因子）和劳动定额。

③在假设技术条件不变的前提下，确保主流程关键职位和重点职位的编制不变，而对辅助岗位的编制采取弹性设置。

④企业编制的动态调整。

（2）人力资源结构规划

人力资源结构规划是依据行业特点、企业规模、未来战略重点发展的业务及业务模式，对企业人力资源进行分层分类，同时设计和定义企业的职类、职种、职层的功能、职责及权限等，从而理顺各职类、职种、职层人员在企业发展中的地位、作用和相互关系。此处介绍一套独特的结构分析法，其基本思路如下。

①确定人力资源结构分析的目的。确定各职种在企业价值创造中的贡

献系数，作为薪酬、晋升等人力资源政策的依据；按各职种贡献大小合理配置人力资源（以贡献系数为基础）。

②提出人力资源结构规划的假设。贡献系数是指某一职种与其他职种相比，对企业收益的贡献程度；以贡献系数作为每一职种员工数变化幅度的判断基准，员工数量减少时，贡献度越小，变化幅度越大；员工数量增加时，贡献度越大，变化幅度越大。

③确定价值贡献系数。对企业各职种进行价值贡献度评价的关键是要科学地确定各职种的价值贡献系数。

④应注意以下几个问题：各职种价值贡献评价的基础是达成共识，故评价指标体系应是企业广泛讨论后，看法较为一致的；基于"价值创造大小决定重要性"的原则，贡献系数也可反映该职种重要程度；贡献系数反映职种（整体）价值贡献。

（3）人力资源素质规划

人力资源素质规划是依据企业战略、业务模式、业务流程和组织对员工行为的要求，设计各职类、职种、职层人员的任职资格要求，包括素质模型、行为能力及行为标准等。人力资源素质规划是企业开展选人、用人、育人和留人活动的基础与前提条件。

①人力资源素质规划有两种表现形式：任职资格标准和素质模型任职资格标准包括员工的知识经验与内容，素质模型则反映员工的个性和价值观。

②人力资源素质规划的主要步骤如图 3-3 所示。对于前两个步骤（分析外部环境、企业内部人力资源盘点）而言，由于任何一种人力资源规划都是与企业内外环境密切相关的，故无论是数量规划或是结构规划、素质规划，都需要经历这两步，只是各个规划分析的侧重点有所不同；对于后两个步骤而言，当员工整体任职能力和素质不断提高时，企业员工的适岗率也将提高，这表明企业员工的职业化程度也在提高；当企业员工整体素质、任职能力和适岗率提高到一定程度时，在工作条件不变的情况下，企业所需员工人数可以相对减少，组织结构、业务流程也可作相应简化。

分析外部环境	企业内部人力资源盘点	制定人力资源素质规划	制定具体的素质提升计划
· 对外部环境进行分析，包括政策法规、经济、技术、劳动力市场状况等 · 分析市场竞争格局以及行业赢利模式	· 分析企业的能力差距：分析与评价企业的竞争能力，找到能力差距，包括管理者（领导力）素质和任职资格以及各职类职种专业素质和任职资格	· 制定人力资源素质规划，明确各个职位的任职资格以及需要掌握的核心专长技能和相应的能力组合 · 开发任职资格和素质评价工具，并分阶段实施与监控	· 制定基于战略和以弥补能力差距为目标的年度素质提升政策与具体行动计划

目标
· 将人才作为企业制定战略的核心要素
· 分析战略规划与实施过程中对人才的核心专长与技能的要求
· 进行组织能力的分析与评估
· 制定包括人才吸纳、开发、激励、维持等在内的规划与行动计划

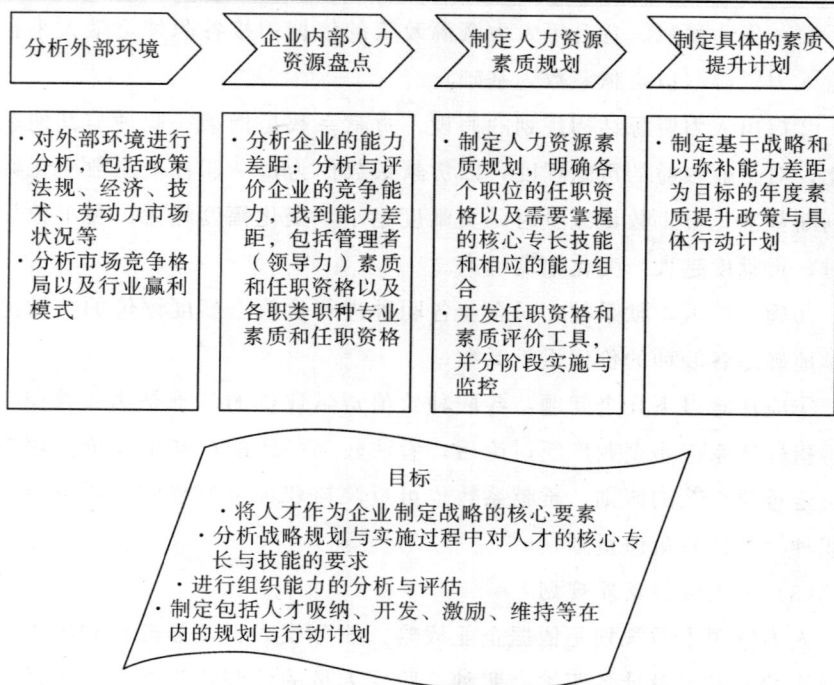

图 3-3　人力资源素质规划步骤

5．核心人才队伍规划

核心人才队伍规划具体包括企业核心人才的评价标准确定；核心人才职业通道发展规划；核心人才队伍建设规划，如对管理团队、研发团队或营销团队的规划；核心人力素质能力提升规划。

6．战略人力资源职能活动规划

战略绩效管理规划使绩效管理成为企业战略落地的工具；战略薪酬管理与激励要求实现薪酬吸引、留住与激励核心人才的功能；战略人才招聘与配置实现战略人才结构的优化与配置；战略人才的培养开发基于战略的一体化人力资源解决方案。

7．人力资源管理机制与制度变革规划

管理机制与制度变革规划支持人力资源管理机制创新和变革，管理机制与制度变革体现了管理实践中的"柔性"思想，即通过对机制制度的变革，保持组织内部能力与外部环境的快速匹配。其价值在包括两点：第一，适应变化，灵活配置资源，促进组织内部协同与外部匹配。第二，激

活人的整体需求，通过自我挑战和机制平台引领，让员工从"组织人"身份向"自主人"身份转变，最大限度地激发知识型员工创造价值。

8．人力资源管理知识与信息系统建设规划

具体体现为企业的人力资源管理以及知识与信息管理系统，知识与信息管理平台为人力资源战略规划的具体活动提供技术支撑。

（三）人力资源计划的具体内容

在执行人力资源战略规划时，人力资源数量规划、结构规划、素质规划将转化为具体的人力资源计划，即接替晋升计划、人员补充计划、素质提升计划、退出淘汰计划等。

1．接替晋升计划

接替晋升计划实质上是组织晋升政策的一种表达方式，根据企业的人员分布状况和层级结构，拟定人员的晋升政策。对企业来说，有计划地提升有能力的人员，以满足职务对人才的要求，是组织的一项重要职能。从员工个人角度来看，有计划地提升有能力的员工不仅意味着工资的增加、尊重的增加，还意味着工作的挑战性及满足自我实现的需求。接替晋升计划一般由晋升比率、平均年资、晋升时间等指标来表达。

2．人员补充计划

人员补充计划就是拟定人员补充政策，目的是使企业能够合理地、有目标地填补组织中长期内可能产生的职位空缺口在劳动力市场供过于求或者企业吸收能力与辞退员工受到限制的情况下，人员补充计划十分重要，人员补充计划可以改变企业内人力资源结构不合理的状况，但这种改变必须与其他计划相配合才是最经济、最实用的。补充计划与晋升计划是密切相关的，因为晋升也是一种补充，只不过补充源在企业内部。晋升表现为企业内低职位向高职位的运动，运动的结果使组织内的职位空缺逐级向下移动，最终积累在较低层次的人员需求上。此时，内部补充就转化为外部补充——员工招聘与录用。这也说明，在录用低层次人员时必须考虑若干年后的使用问题。此外，人员补充计划与素质提升计划也有密切联系。

3．素质提升计划

素质提升计划的目的是为企业中长期发展所需的职位事先准备人员。例如，美国 IBM 公司对逐级推荐的 5000 名有发展潜力的员工分别制订素

质提升计划，根据可能产生的职位空缺和出现的时间分阶段、有目的地培养他们，当职位空缺时，人员早已培养好。

4. 退出淘汰计划

现在很多企业员工只要进了企业，很难被企业辞退，除非是主动辞职或犯了重大错误。造成这种现象的一个重要原因是企业只设计了向上的晋升通道，而忽略了向下的退出通道，人力资源战略规划中的退出淘汰计划就是为了弥补这一漏洞而设计的。

素质提升计划、接替晋升计划、人员补充计划和退出淘汰计划是相辅相成的，四种计划相互配合运用，效果会非常明显。此外，根据企业的特殊情况或需求还可以制订各种其他的计划，如工资与奖金计划、继任计划等。

第二节　人才盘点

一、人才盘点的内涵

知识经济时代，人才成为企业获取并维持其竞争优势的核心资源，人才兴则企业兴，拥有优质人才的企业更有希望在市场竞争中占据主动权。随着企业对人才愈发重视，一个能够帮助企业评估其人才数量与素质，以支撑企业战略的方法得到了管理者的普遍关注与应用，即人才盘点。

（一）人才盘点的定义

关于对人才盘点的理解，此处有两个隐喻，第一个隐喻是整理衣柜，人们隔一段时间要整理一下自己的衣柜，因为衣柜里边有很多衣服是购买后不经常穿的，这类衣服要赶紧送人，否则就是资源浪费。第二个隐喻是整理书柜，人们每年都要整理自己的书柜，很多书不准备再看就应赶紧送人，把它们转移到能够发光发热的地方，否则也是一种资源良妃人才盘点也是同样的道理，企业里是通过人去做事情，再通过事情来判断人才的价值，因此要定期进行人员梳理。因此，人才盘点就是对组织的人才进行梳理、评价、再配置的过程。通过人才盘点，使人才与组织相匹配，进而支撑组织战略的实现。

（二）进行人才盘点的原因与时机

企业在实际的人才管理中常常遇到如下困境：人才招募困难，企业中越是重要的岗位，其所需招聘的周期越长且难度越大。外部招聘的人才难以适应企业文化，这些"空降兵"的忠诚度较弱。企业没有为员工制定明确的职业上升通道或个人职业发展规划，致使企业内部人才流动频繁，人才因缺少发展机会而倾向于寻找外部机会。

因此，企业在面对上述困境时，人才盘点就显得尤为重要。人才盘点帮助企业发现优秀员工，进行"因材施教"，提高其敬业度与忠诚度，进而实现企业价值与员工个人价值的统一。

那么，企业应该选择什么时机进行人才盘点？这需要企业从宏观和微观两个层面判断。

从宏观层面而言，合适的时机包括：企业进行大规模的并购或业务重组。企业处于战略转型期，其业务策略、商业模式、运营模式发生巨大变化。企业经营业绩高速增长，管理跟不上业务发展的需要。外部环境发生巨大变化，市场、产品或技术亟须升级。企业人才供给、分布不均衡。

从微观层面而言，合适的时机包括：企业核心人才的供给不足，过度依赖外部招聘。核心人才难以保留，员工流失率高。关键人才的胜任力与绩效目标完成情况不匹配。人才梯队出现断层，没有人才继任计划。

一般如果有上述部分情况发生，就需要企业根据其目的展开人才盘点。但人才盘点并非在上述情况下才进行，应鼓励企业一年至少定期进行一次人才盘点。

二、人才盘点的类别

目前企业进行人才盘点的形式虽多种多样，但大致上可以分为两个类别，分别是关门盘点和开门盘点。两种盘点方式各有侧重，企业要根据自身情况合理选择。

（一）关门盘点

关门盘点的方式一般由企业的人力资源部门主导，通过与外部咨询机构合作，利用评价中心测评系统筛选出企业的关键人才，但该盘点的方式往往只有企业高层及人力资源部门参与，或者只是更多地依赖于外部咨询公司的评价工具，而且只覆盖关键岗位。

对于组织而言，如果只是需要快速发现、准确识别高潜力人才，进行覆盖个别关键岗位的人才盘点，那么关门盘点无疑是一种高效便捷的人才盘点方式。

关门盘点周期短、效率高，可供选择的工具丰富多样，有利于被评价者获得更为全面的自我认知，且保密性高。

（二）开门盘点

与关门盘点不同，开门盘点是由业务部门主导的。人力资源部的角色由主导者变为方法、工具的提供者和人才盘点的组织者。

开门盘点的主要特点包括：从 CEO 到基层经理都亲自参与，盘点要依赖于他们的评价结果。业务经理主导。人力资源部的组织发展岗位负责人提供人才盘点的方法、工具，并组织和支持业务经理完成人才盘点。在一定范围内公开讨论对管理者的评价及任用。盘点覆盖全员（不仅包括关键的领导岗位）。与人力资源的其他模块衔接紧密，是每年的"固定项目"。

因此，为了确保组织的人才盘点顺利实施，一般要确立以下角色：成立人才盘点委员会，明确 CEO 是人才盘点的第一负责人，各级经理人是主导者和实施者，人力资源部门是流程推动者。换句话说，开门盘点并非企业高层及人力资源部门的工作，而是需要企业内多方配合来完成。

三、人才盘点的意义

通过人才盘点有助于企业更好地识别人才、培养人才和保留人才，进而建立人才梯队，提高企业竞争优势。不仅如此，除对组织及人力资源工作外，人才盘点对员工个人也意义非凡，既实现了员工与组织的匹配，还明确了员工未来改进及发展的方向。

（一）对组织的价值

组织通过人才盘点，对组织的结构和人才进行了系统梳理，使组织明确了未来发展所需要的资源及能力。人才盘点可以为组织战略落地提供支持，通过人才的供需分析及胜任力模型的构建等一系列工作，支撑组织战略的实现。通过对人才的梳理及评价，建立人才梯队，促进组织的持续健康发展。

（二）对人力资源工作的价值

在人才盘点的过程中，通过人力资源部门与其他业务部门的互相配合及通力合作，更加紧密地衔接了相互之间的关系，不仅使人力资源部门更懂业务，而且业务部门也开始理解人力资源部门的工作。通过人才盘点，组织确定并建立了自身的人才评价标准体系，不仅有助于组织进一步吸引人才、培养人才及保留人才，而且使组织能够快速实现人岗匹配。

（三）对员工的价值

通过人才盘点，使员工获知组织对人才的需求及自身与组织的匹配度。人才盘点还有助于员工明确未来工作中需要改进及发展的方向。

四、人才盘点的程序

人才盘点可以分为五步来进行，其流程如图3－4所示。

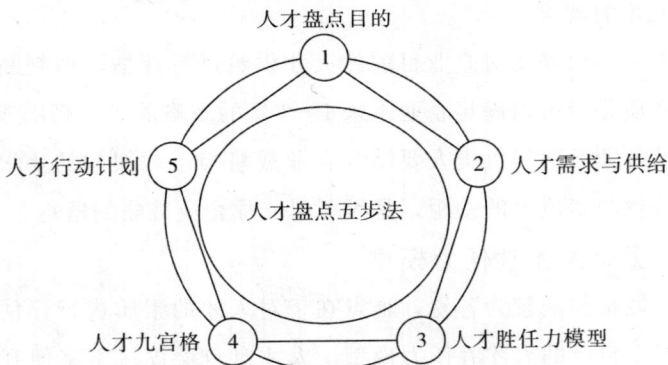

图3－4　企业人才盘点的具体步骤

（一）明确人才盘点目的

正如前面讲到的，人才盘点开展周期不一、方式不一，有不同的目的和侧重点。比如企业处于快速扩张期，进行的人才盘点与企业已经进入平稳发展阶段后进行的阶段性人才盘点就各有侧重，因此我们在盘点前必须明确其目的，才能对症下药、有的放矢。需要注意的是，人才盘点必须取得高层领导（最好是CEO）的承诺及参与才能成功推进，所以在此阶段需要时时与高层领导进行沟通和汇报，以取得他们对盘点的信任及支持；另外，还需要出台人才盘点的整体规划与时间安排，明确召开人才盘点会议的时间与参与人选。

（二）识别人才需求，评估人才供给

在明确了人才盘点目的后，接下来需要召开人才盘点会议。会议首先需要高层领导、人力资源部门及各业务部门负责人讨论企业未来1~3年（不同行业有不同的规划期）的战略对人才的需求，其实质就是明确什么样的人才可以支撑企业的战略发展，如果企业人才储备不够，其战略落地的可能性将大打折扣。

建议将组织的架构图画出来，从关键角色入手，再逐渐推广到各个角色，高层领导、人力资源部门及各业务部门负责人应该结合企业未来1~3年的战略规划，对现有的组织结构及角色分工进行讨论，包括关键岗位职责、人员编制与空缺情况、组织效率和管理跨度是否合理等，最终需要明确企业未来1~3年组织结构是否新增、撤销等，并明确组织架构、关键角色以及对人才的需求。

紧接着，会议需要对企业目前的人才供给进行评估，即判断当前的人才数量与素质是否可以满足企业未来1~3年的战略需求。高层领导、人力资源部门及各业务部门负责人要结合企业战略与组织架构的要求，判断目前人才在数量与素质上的差距，是否可以支撑企业战略的落地。

（三）建立人才胜任力模型

对人才数量预测较为容易，难点在于对人才的素质进行评估。这时候需要企业建立自己的人才胜任力模型。人才盘点会议接下来便开始讨论企业的人才胜任力模型。需要注意的是，人才胜任力模型建立过程要以未来为导向，不可专注于过去已取得的成就，而最好可以将核心能力控制在6~8项，当然这些能力必须能够切实落地，胜任力模型的构建也并非一次会议可以完成。

（四）绘制人才九宫格

接下来就需要对人才进行一次全面的评估，评估过程中既要关注过往员工已取得的绩效，还需要结合上述步骤建立的胜任力模型，因为此模型中包括对员工价值观、学习能力、潜力及领导力等的综合评价。人才评估的工具很多，以图3-5所示的九宫格为例进行介绍。

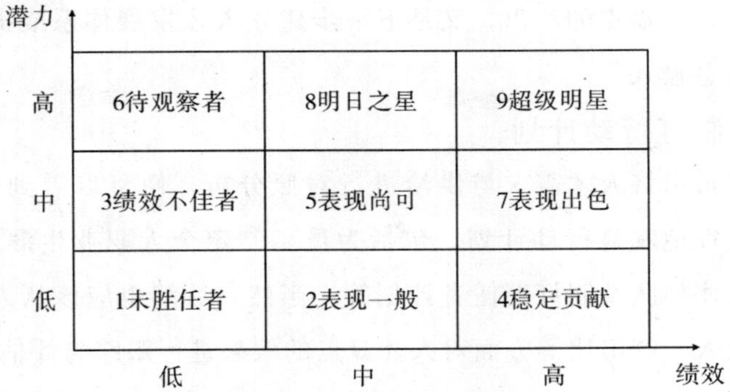

潜力			
高	6待观察者	8明日之星	9超级明星
中	3绩效不佳者	5表现尚可	7表现出色
低	1未胜任者	2表现一般	4稳定贡献
	低	中	高　绩效

图 3-5　人才九宫格

　　根据对过往绩效及员工综合能力的评估将各位员工划入九宫格，这样就能够比较清楚地展现"谁是你最重要的、最值得发展和关注、最值得资源投入的人才"，而对于不同的人群，要采取不同的对策：对于9号员工来说，他们是绩效与能力双高的超级明星，可以为其设计多种快速提升及轮换方式的职业通道，提供更好的发展平台及机会，并且还要提供令人满意的薪酬工。对于8号员工来说，他们虽然有很高的潜力，但绩效却处于中游，那么应该谨慎为其规划下一个岗位，而是多给予工作上的指导与帮助、但也要确保其薪酬的竞争力。对于7号员工来说，他们绩效一流，但综合能力一般，此时应着重提高其综合能力，可以尝试给予可促进其发展的岗位或职责，并确保薪酬竞争力。对于6号员工来说，虽然他们综合能力一流，但绩效偏低，此时应该认真分析，到底是因为动机不足，还是因为人岗不匹配。同时，也要提出警告，使其明确绩效目标。对于5号员工来说，他们是最常见的一类人，综合能力与绩效都处于中游，此时应该对其进行重点培养与开发，综合能力与绩效提高并重。对于4号员工来说，他们绩效一流，但综合能力较差，此时思考如何让其始终保持工作积极性是下一步工作的重点，因此要多给予认可，并尝试挑战新的任务。对于3号员工来说，要对他们进行警告，并为其分析问题所在，提供相应的绩效辅导，如还不迅速改进，则应该尽快将其剥离出组织或降级使用。对于2号员工来说，应该让他们保持在原地原级，并相应减少管理职责，必要时考虑剥离出组织。对于1号员工来说，应该考虑尽快将其剥离出组织。

　　因此，对于处在九宫格不同位置的人群，需要采取不同的应对策略，九宫格既是人才盘点的产出，又是下一步建立人才发展体系或提供用人决策的重要信息输入。

（五）制订行动计划

此时，可以将人才需求与供给进行对照分析，便可以看到人才差距，据此有针对性地制订行动计划，包括为员工制定个人职业生涯发展规划，搭建企业人才梯队及制订继任者计划等。当然，后续也应该从人才指标体系、人才投入—产出比等方面对人才盘点的效果进行跟踪与评估。

第三节　人力资源战略规划的模式与模型

对于什么是人力资源战略规划，理论界和实践中主要有两种观点：一种观点认为，人力资源战略规划本身就是一种战略准备，是一个由现状不断发展到理想状态的过程；另一种观点认为，人力资源战略规划要做到精确定量，实现供需平衡。具体来说，人力资源战略规划主要有以下三种模式。

一、人力资源战略规划模式

（一）基于供需平衡的经典模式

经典模式即基于供给和需求平衡进行人力资源战略规划，把人力资源规划看成一种精确计量与计划的过程。在这种思想的指导下，人力资源战略规划的思考重点集中于如何有效地准确预测需求与供给，人力资源规划的目标是寻求供给与需求的平衡，因此人力资源规划的过程也是供给需求平衡的过程，对于预测方法和数量的强调是人力资源战略规划的中心。这种模式适合企业经营领域单一或规模小的情形，或者是企业内部对某一类人员进行专项人才资源规划需要精确指导时，企业人才过剩应采取什么策略、人才缺乏又应采取什么策略，都应该基于供需平衡来考虑（见图 3-6）

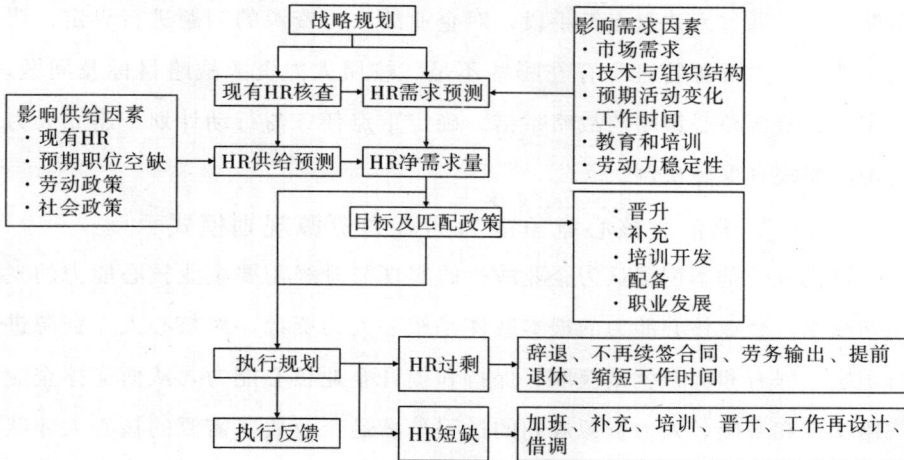

图 3-6　人力资源规划经典模式

（二）基于现状和理想状态的趋近模式

趋近模式实际上是一种战略状态，是一种对标的理念。该模式认为，人力资源战略规划是找到一个模糊区间，而不是精确地计量。这种模式主要是基于企业的愿景与战略，确定企业人力资源的理想与最优状态，比较人力资源现实与理想的差距，强调人力资源规划是一个缩小现状与理想状态的差距、追求理想状态的过程。

这是目前国际上最为流行的人力资源战略规划模式之一，也是比较完整和系统的人力资源战略规划思考和研究模式，这种模式适用于多元化的大型企业集团或国家、地区的人力资源规划。该模式能够响应企业战略规划，通过人力资源管理的策略、战略性的人力资源实践来支撑起战略目标的实现，使得人力资源管理真正成为战略性资源。

基于现状和理想状态的趋近模式认为，企业的人力资源战略规划应当根据企业的人力资源战略而定。在人力资源战略中，企业应明确采取什么样的策略、进行什么样的能力建设、采取什么样的行政计划。

分析企业战略背景与人力资源现状。在这个过程中，要建立一套定量化的人力资源评价体系，对本企业的人力资源现状进行科学评价。根据企业战略分析人力资源现状，确定人力资源战略使命与愿景。根据人力资源战略目标，通过人才盘点等手段，对企业的人力资源的问题进行界定，明确企业在人力资源管理上存在哪些不足。按照人力资源战略目标及问题，制定人力资源核心策略与战略举措。确定重点任务与行动计划。建立人力资源战略规划保障机制。

（三）基于企业核心竞争能力的人力资源规划模式

该模式的基本逻辑认为企业战略的实现与升级需要企业核心能力的支撑与驱动，企业核心能力的根本载体是核心人力资源，对核心人力资源进行识别、保有和提升就是获取、保持和提升企业核心能力，从而支撑企业战略实现和升级，人力资源规划的过程是满足企业战略需要的核心人才队伍建设的过程。企业核心能力和人力资源核心能力的一体化，被称为能力的匹配，这种人力资源规划更多的是企业战略管理与人力资源管理能力的匹配关系。因此，通过打造核心人才队伍去支撑整个企业战略目标的模式可以认为是基于核心能力下的一种模式，这种模式对高速成长的企业很有效，很多创新型企业只需要抓住核心人才就可以支撑企业的发展。同时，以核心人才来带动所有人才发展，打造企业竞争能力，强调核心能力和核心人才一体化，从而实现企业核心能力与员工核心队伍以及核心技能这两种核心之间的有效配置。

二、人力资源战略规划模型

上面谈到的三种模式主要是制定人力资源战略规划时的基点，即企业根据自身情况，选择什么方向来开展人力资源规划工作。此处介绍另一种模式，即人力资源规划的系统模型（如图 3-7 所示），并在此基础上对企业人力资源战略规划的具体工作做进一步阐述。

企业战略指引人力资源战略

外部环境因素 → 企业战略 ← 内部资源与能力因素

人力资源战略（愿景、使命、目标等）

人力资源战略规划

体制/机制线
人力资源管控
人力资源机制制度
特殊专项问题

数量/规模
结构
素质/能力

人才/能力线

人力资源战略指导战略性人力资源管理活动

活动落实为行动计划
战略性人力资源管理

战略性人力资源管理活动

职位管理　招聘配置　绩效管理　薪酬管理　培训管理　职业发展

知识与信息管理平台

构建机制优势 → 行动计划制定与执行 ← 提升能力优势

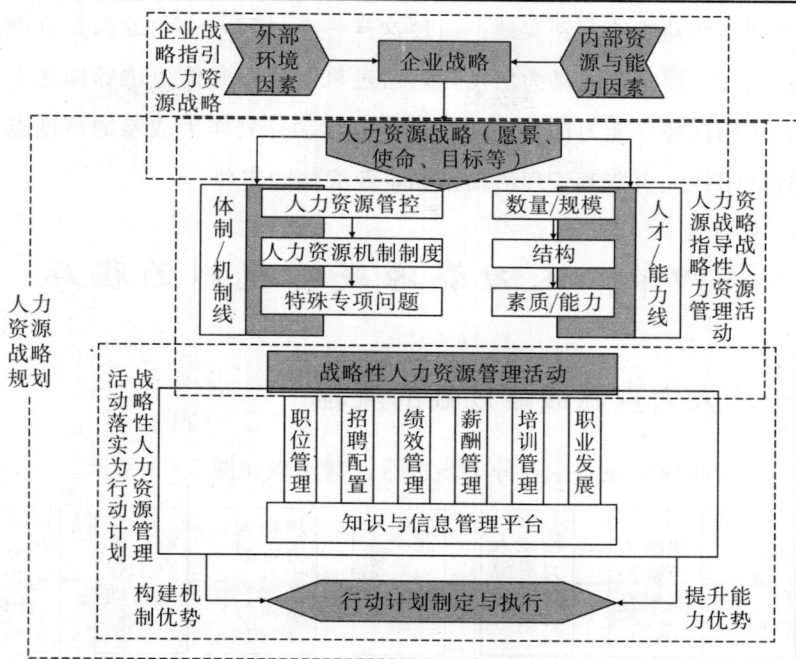

图 3-7　人力资源战略规划模型

从图 3-7 的模型可以看出，人力资源战略规划由两条主线和四个支撑平台构成。两条主线分别是体制/机制线和人才/能力线，四个支撑平台为人力资源战略、人力资源战略指导、战略性人力资源管理活动与具体的人力资源规划行动：由该模型可以看出，企业在制定人力资源战略规划时，首先，要对企业的内部资源和能力因素以及外部环境因素进行分析，明确企业的战略使命和愿景，作为人力资源战略规划的最根本出发点。其次，根据企业战略、使命和愿景，结合人才盘点的结果，确定企业的人力资源战略使命及愿景。再次，对人力资源战略进行解读，明确要实施人力资源战略所须建立的体制线，包括人力资源管控模式、人力资源机制制度及特殊专项问题等，并根据体制线的要求和人才盘点结果，对人力资源的数量、结构及素质进行规划。完成机制线与能力线的规划之后，人力资源规划就要落实到战略性人力资源管理活动上，包括职位管理系统、绩效管理、薪酬管理等，并通过知识与信息管理平台进行整合。最后，根据各项管理活动的要求，制订具体的行动计划，并建立实施保障机制，确保各项行动计划与活动能够落到实处。通过这样一个过程，企业的人力资源战略规划就实现了以企业战略为出发点，通过机制建设和能力培养构建企业人力资源机制优势和能力优势，并以具体的行动计划作为战略的落地点，从而通过战略性人力资源管理活动推动企业战略的实现。

第四节　人力资源战略规划的程序

一、人力资源战略规划的流程

人力资源战略规划主要分七步进行，其流程如图3-8所示。

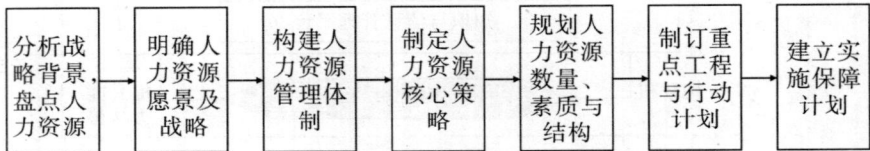

```
┌────────┐  ┌────────┐  ┌────────┐  ┌────────┐  ┌────────┐  ┌────────┐  ┌────────┐
│分析战  │  │明确人  │  │构建人  │  │制定人  │  │规划人  │  │制订重  │  │建立实  │
│略背景，│→│力资源  │→│力资源  │→│力资源  │→│力资源  │→│点工程  │→│施保障  │
│盘点人  │  │愿景及  │  │管理体  │  │核心策  │  │数量、  │  │与行动  │  │计划    │
│力资源  │  │战略    │  │制      │  │略      │  │素质与  │  │计划    │  │        │
│        │  │        │  │        │  │        │  │结构    │  │        │  │        │
└────────┘  └────────┘  └────────┘  └────────┘  └────────┘  └────────┘  └────────┘
```

图3-8　人力资源战略规划流程

（一）分析战略背景，盘点人力资源

确认现阶段的企业经营战略，明确此战略决策对人力资源战略规划的要求以及人力资源战略规划所能提供的支持。

明确企业战略之后，需要对现有人力资源进行盘点。弄清企业现有人力资源状况是制定人力资源规划的基础工作。实现企业战略首先要立足于开发现有的人力资源，因此必须采用科学的评价分析方法。人力资源主管要对本企业各类人力数量、素质、结构、利用及潜力状况、流动比率进行统计，这一部分工作需要结合人力资源管理信息系统和职位分析的有关信息来进行。如果企业尚未建立人力资源管理信息系统，这部分工作最好与建立该信息系统同时进行。在人事管理信息系统中应尽可能多地输入与员工个人和工作情况的资料，以备管理分析使用。

人力资源信息应包括：个人自然情况。如姓名、性别、出生日期、身体自然状况和健康状况、婚姻、民族和所参加的党派等。录用资料。包括合同签订时间、候选人征募来源、管理经历、外语种类和水平、特殊技能以及对企业有潜在价值的爱好或特长。教育资料。包括受教育的程度、专业领域、各类培训证书等。工资资料。包括工资类别、等级、工资额、上次加薪日期以及对下次加薪日期和量的预测。工作业绩评价。包括上次评价时间、评价报告或业绩报告、历次评价的原始资料等。工作经历。包括以往的工作单位和部门、学徒或特殊培训资料、升降职原因、有无受过处分及其原因和类型、最后一次内部转换的资料等。服务与离职资料。包括任职时长、离职次数及离职原因。工作态度。包括生产效率、质量、缺勤和迟到早退记录、有无建议、建议数量以及有无抱怨、抱怨内容等。安全与事故资料。包括因工受伤和非因工受伤、伤害程度、事故次数类型及原因等。工作或职务情况。工作环境情况。工作或职务的历史资料等。

利用计算机进行管理的企业和组织可以十分方便地存储和利用这些信息。这一阶段必须获取和参考的另一项重要信息是与职位分析有关的信息。职位分析明确地指出了每个职位对应的职务、责任权力以及履行这些职、责、权所需的资格条件，这些条件就是对员工素质的水平要求。

（二）明确人力资源愿景及战略

企业战略目标明晰之后，结合现有人力资源盘点的结果，制定基于企业整体战略的人力资源战略，明确人力资源愿景及使命，确定企业要实现的现阶段的战略、使命及愿景，需要什么样的人力资源战略予以支撑，并作为下一阶段行动计划的基点。

（三）构建人力资源管理体制

人力资源战略的实施需要人力资源体制的支撑。在明确人力资源战略之后，企业需要根据人力资源战略构建人力资源管理体制，包括人力资源管控模式、人力资源机制制度以及特殊专项问题，人力资源管控模式决定如何构建人力资源机制制度，最后解决机制上的特殊专项问题。

（四）制定人力资源核心策略

根据人力资源战略与管理体制，确定人力资源战略的核心策略。

（五）规划人力资源数量、素质与结构

根据人力资源核心策略，对人力资源数量、素质与结构进行规划，主要从人力资源需求和供给两方面进行规划。

人力资源需求预测主要是根据企业的发展战略规划和本企业的内外部条件选择预测技术，然后对人力需求的数量、素质及结构进行预测，如图3-9所示。

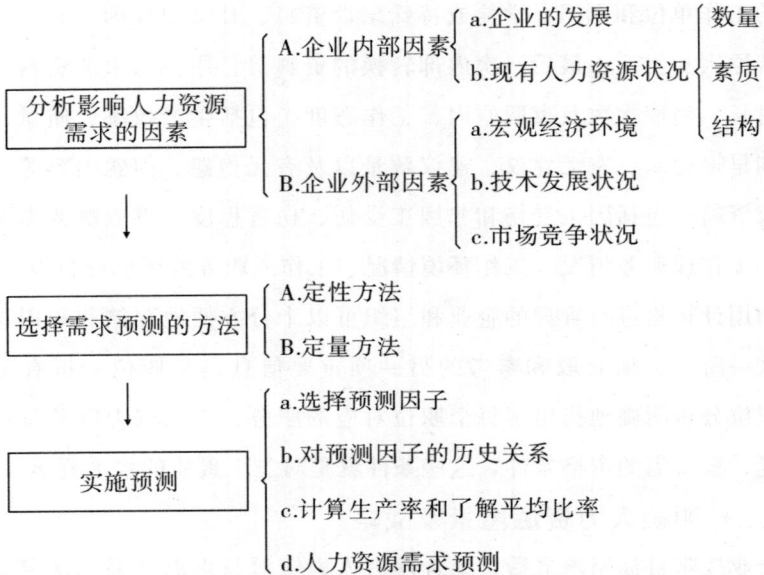

分析影响人力资源需求的因素
- A.企业内部因素
  - a.企业的发展 —— 数量
  - b.现有人力资源状况 —— 素质
- B.企业外部因素 —— 结构
  - a.宏观经济环境
  - b.技术发展状况
  - c.市场竞争状况

选择需求预测的方法
- A.定性方法
- B.定量方法

实施预测
- a.选择预测因子
- b.对预测因子的历史关系
- c.计算生产率和了解平均比率
- d.人力资源需求预测

图3-9　人力资源需求预测的程序与方法

预测人员需求时，应充分考虑以下因素对人员需求的数量、素质以及结构的影响：市场需求、产品或服务质量升级或决定进入新的市场。产品和服务的要求。人员稳定性，如计划内更替（辞职和辞退的结果）、人员流失（跳槽）。培训和教育（与公司变化的需求相关）。为提高生产率而进行的技术和组织管理革新。工作时间。预测活动的变化。各部门可用的财务预算。

在预测过程中，预测者及其管理判断能力与预测的准确与否关系重大。一般来说，商业因素是影响员工需要类型、数量的重要变量，预测者可通过分离这些因素，并且收集历史资料去做基础的预测。从逻辑上讲，人力资源需求是产量、销量、税收等的函数，但对于不同的企业或组织，各因素的影响并不相同。

人力资源供给预测包括两个方面：一是内部供给预测，即根据现有人力资源及其未来变动情况，预测未来所能提供的人员数量和素质；二是外部供给预测，确定未来可能的各类人员供给状况。

外部人力资源供给主要受两个因素的影响：地区性因素和全国性因素。

1. 地区性因素

（1）公司所在地和附近地区的人口密度。

（2）其他公司对劳动力的需求状况。

（3）公司所在地的就业水平、就业观念。

（4）公司所在地的科技文化教育水平。

（5）公司所在地对人们的吸引力。

（6）公司本身对人们的吸引力。

（7）公司所在地临时工人的供给状况。

（8）公司所在地的住房、交通、生活条件。

2. 全国性因素

（1）全国劳动人口的增长趋势。

（2）全国对各类人员的需求程度。

（3）各类学校的毕业生规模与结构。

（4）教育制度变革而产生的影响，如延长学制、改革教学内容等对员工供给的影响。

（5）国家就业法规、政策的影响。

（六）制订重点工程与行动计划

通过上述步骤，企业对公司整体战略、人力资源战略、体制等方面有了明确的认识和规划，因此根据这些认识和规划，企业需要建立具体的行动计划，将人力资源规划活动落到实处，并针对特殊问题建立重点解决方案。

（七）建立实施保障计划

人力资源规划的具体实施需要有相应的保障计划，以保证人力资源规划能够真正落到实处，并不偏离规划的初衷。保障计划主要是对人力资源规划实施过程进行监控，实施监控的目的在于为总体规划和具体规划的修订或调整提供可靠信息，强调监控的重要性。在预测中，由于不可控因素很多，常会出现令人意想不到的变化或问题，如若不对规划进行动态地监控、调整，人力规划最后就可能成为一纸空文，失去了指导意义。因此，监控是非常重要的一个环节，此外，监控还有加强执行控制的作用。

二、人力资源战略规划的执行

（一）人力资源战略规划的执行者

传统意义上的人力资源工作主要由人事部门负责，例如招聘、培训、员工发展、薪酬福利设计等方面的工作。随着现代企业对人力资源部门的工作要求和期待的提升，人力资源部门的角色逐渐发生了改变，人力资源部门不再是单纯的行政管理职能部门，而是逐步向企业管理的战略合作伙伴关系转变。同时，现代的人力资源管理工作也不仅仅是人力资源部门的责任，还是各级管理者的责任，人力资源战略规划也是如此，企业人力资源战略规划的基础是接替晋升计划、人员补充计划、素质提升计划、退出淘汰计划等，而这些计划都是在各部门的负责人制订本部门的人员调配补充、素质提升、退出淘汰等计划的基础上层层汇总到人力资源部门，再由人力资源管理者依据人力资源战略分析制订出来的，而非人力资源管理者凭空创造出来的。

人力资源战略规划应由专职部门来推动，可考虑下列几种方式。

第一，由人力资源部门负责办理，其他部门与其配合。

第二，由某个具有部分人事职能的部门与人力资源部门协同负责。

第三，由各部门选出代表组成跨职能团队负责。

在推行过程中，各部门必须通力合作而不是仅靠负责规划的部门推动，人力资源战略规划同样也是各级管理者的责任（如图3-10所示）。

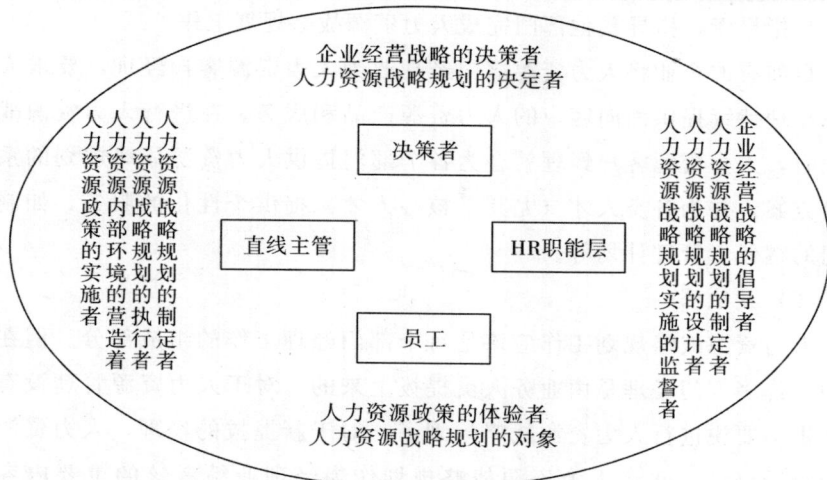

图 3-10　人力资源战略规划的执行者

（二）人力资源战略规划的执行

人力资源战略规划的执行主要涉及三个层次：企业层次、跨部门层次及部门层次。

1. 企业层次

企业层次上的人力资源战略规划需要"一把手"亲自参与，尤其是企业经营战略对人力资源战略规划的影响，还包括人力资源战略规划对人力资源管理各个体系的影响及其指导方针、政策等方面的影响，因此必须由企业高层决策。

2. 跨部门层次

跨部门层次上的人力资源战略规划需要企业副总裁级别的管理者执行，即对各部门人力资源战略规划的执行情况进行协调和监督，并对人力资源战略规划的实施效果进行评估。

3. 部门层次

部门层次上的人力资源战略规划又分为以下两种情况。

（1）人力资源部门

人力资源部门不仅要完成本部门的人力资源战略规划工作，还要扮演"工程师＋销售员"的角色。人力资源部门的员工既是人力资源战略规划的专家、人力资源战略规划的制定者，又要做人力资源战略规划的"销售员"与指导者，指导其他部门完成人力资源战略规划工作。

目前有的企业将人力资源部门经理改为人力资源客户经理，要求人力资源经理持续提供面向客户的人力资源产品和服务。在进行人力资源战略规划时，人力资源客户经理就会为各个部门提供人力资源战略规划的系统解决方案，并为各类人才（尤其是核心人才）提供个性化的服务，如制订专门的继任者管理计划等。

（2）其他部门

人力资源战略规划工作应该是每个部门经理工作的组成部分。但在企业中，许多部门经理是由业务人员提拔上来的，对于人力资源管理没有经验，更不要说进行人力资源战略规划了。对于新提拔的经理，人力资源部门应给予培训，并将人力资源战略规划作为经理业绩考核的重要内容之一，特别要考核其培养下属和评估下属业绩的能力。部门经理应该主动与人力资源部门沟通，共同实现人力资源战略规划的目标。

（三）人力资源战略规划的执行原则

执行人力资源战略规划时需要遵循以下原则。

1. 战略导向原则

依据战略目标制定人力资源战略规划以及具体的人力资源计划，避免人力资源战略规划与企业战略脱节。

2. 螺旋式上升原则

人力资源战略规划并非一劳永逸，企业每年都需要制定新的人力资源战略规划，即各类人员计划都会随着内外环境的变化、战略的转变而改变，不过是在过去的基础上制定的，且一年比一年更准确、有效。

3. 制度化原则

人力资源战略规划分为两个层次：一是技术层面，即前面所说的各种定性和定量的人力资源战略规划技术。二是制度层面，一方面是指将人力资源战略规划制度化；另一方面是指制定、调整有关人力资源管理制度的方向、原则，从机制的角度理顺人力资源各个系统的关系，从而保证人力资源管理的顺利进行。

4. 人才梯队的原则

在人力资源战略规划实施的过程中建立人才梯队，从而保障工作人员的层层供给。

5. 关键人才优先规划原则

对企业中的核心人员或骨干人员应优先进行规划，即设计此类人员的晋升、加薪、替补等通道，以保证此类人员的充足供给。

人力资源战略规划是建立在整个人力资源管理系统平台之上的，如果人力资源管理的其他系统已经日益完善，而人力资源战略规划系统滞后于其他人力资源管理体系，那么人力资源战略规划将成为企业管理的"短板"。因此，人力资源战略规划必须从技术层面上升到制度层面，从静态管理转向动态管理，从滞后于其他体系到领先于其他体系，只有这样，人力资源战略规划才能真正成为整个人力资源管理系统的统帅。

三、人力资源战略规划与其他体系的关联性

人力资源战略规划必须与人力资源管理的其他体系如招聘、绩效管理、薪酬管理、培训等相互配合、实现互动，并且人力资源战略规划的结果通过这些体系得到具体的落实，才能真正体现出人力资源战略规划的战略性价值。

（一）与招聘的关联性

人力资源战略规划的实施必然涉及员工的招聘录用问题。在目前的企业运作中，往往是在用人部门感到人手不够时才向上汇报，由人力资源部门汇总信息并实施招募。各部门之间互不了解、沟通不畅造成人员重复的现象时有发生，急需用人时降低用人标准的情况也屡见不鲜，人力资源部对于各部门的招募需求的被动性，招募活动对于企业用人需要的滞后性导致企业在员工队伍的建设与培养上存在短期性与应急性。企业无法借势于劳动力市场的波动，可持续发展难以得到保证。因此，企业的人员招聘工作必须在人力资源战略规划的指导下，制订有目标导向性与预见性的人员补充计划——根据战略的要求及劳动力市场的涨落适时吸纳、储备人才，降低用人成本及招募成本，形成合理的人才梯队。

（二）与绩效管理的关联性

传统的绩效评估方案提出希望员工达到的绩效目标，然后评估员工是否按照目标与计划行事。完善的绩效管理则应该提供企业和员工平衡发展的信息，即一方面评价员工是否完成了既定的绩效任务，是否帮助企业实现了绩效目标；另一方面评估员工在完成工作任务的过程中是否提高了自

身能力，是否存在缺陷以及如何弥补等。因此，绩效评估的结果要应用在人力资源战略规划上，通过对员工绩效水平的评估体现他们的能力及发展潜力，让员工明确职业发展的前景及方向，进而有利于提高组织配置人员的适应性及规划的准确性。

（三）与薪酬管理的关联性

人力资源战略规划的一项内容在于计划企业的人工成本支出总量即薪酬总额，此外，企业支付薪酬的原则及策略必须体现战略的要求，激励员工创造高业绩、提高自身能力，同时在整体上保证有更多报酬与机会向核心人员倾斜。总之，薪酬的给付必须既要考虑劳动力市场的竞争状况、企业的支付实力，又要体现企业战略的要求，实现与企业其他人力资源模块的联动，这些都是通过人力资源战略规划中的工资与奖金计划来实现的。

（四）与培训的关联性

人力资源战略规划涉及员工能力需求与现状的差距分析，除了招聘新员工之外，对现有员工进行培训，使其提升现有能力水平及获得新的技能是弥补这种差距的重要途径。人力资源战略规划为人员的培训开发提供了目标与方向，使组织的需要与员工个人的需要有效结合，提高了培训开发的针对性与有效性。

因此，人力资源战略规划是人力资源管理系统的统帅，它作为核心指挥其他人力资源管理体系的运行，并实现整个人力资源系统的协调运转，提高人力资源的素质与使用效率，帮助企业实现战略目标。

第五节　人力资源战略规划的方法

一、人力资源战略规划的需求预测技术

人力资源需求预测是根据企业发展的要求，对将来某个时期内企业所需员工的数量和素质进行预测，进而确定人员补充的计划方案和实施培训的方案。

人力资源需求预测是企业编制人力资源战略规划的核心和前提条件。预测的基础是企业发展规划和企业年度预算。应该对人力资源需求预测持动态的观点，并充分考虑预测期内劳动生产率提高、工作方法改进及机械

化、自动化水平提高等变化因素。人力资源需求预测的主要方法如图
3-11所示。

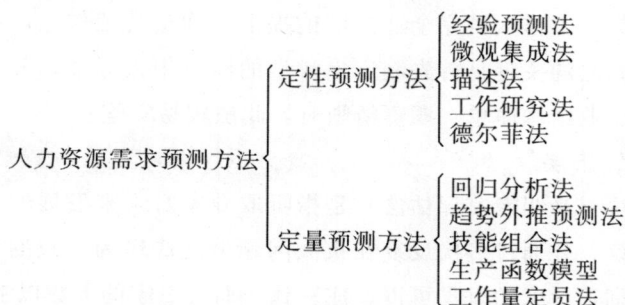

```
                              ┌ 经验预测法
                              │ 微观集成法
                    定性预测方法┤ 描述法
                              │ 工作研究法
                              └ 德尔菲法
人力资源需求预测方法┤
                              ┌ 回归分析法
                              │ 趋势外推预测法
                    定量预测方法┤ 技能组合法
                              │ 生产函数模型
                              └ 工作量定员法
```

图3-11　人力资源需求预测方法

（一）定性预测方法

1. 经验预测法

根据过去经验将未来活动水平转化为人力需求的主观预测方法，即根据每一产量增量估算劳动力的相应增量。经验预测法建立在启发式决策的基础上，这种决策的基本假设是：人力资源的需求与某些因素的变化之间存在着某种关系。由于此种方法完全依靠管理者的个人经验和能力，所以预测结果的准确性不能保证，通常只用于短期。

2. 微观集成法

微观集成法可以分为自上而下和自下而上两种方式。

自上而下是指由高层管理者先拟定组织的总体用人目标和计划，然后逐级下达到各具体职能部门，开展讨论和进行修改，再将有关意见汇总后反馈回高层管理者，由高层管理者据此对总的预测和计划作出修正后，公布正式的目标和政策。

自下而上是由组织中的各个部门根据本部门的需要，预测将来某时期内对各种人员的需求量，然后由人力资源部进行横向和纵向的汇总，最后根据企业经营战略形成总体预测方案，此法适用于短期预测和企业生产比较稳定的情况。

3. 描述法

描述法是指人力资源部门对组织未来的目标和相关因素进行假定性描述、分析，并作出多种备选方案，描述法通常用于环境变化或企业变革时的需求分析。

4. 工作研究法

工作研究法（又叫岗位分析法）是根据具体岗位的工作内容和职责范围，在假设岗位工作人员完全适岗的前提下，确定其工作量，最后得出人数。工作研究法的关键是首先制定出科学的岗位用人标准，其基础是职位说明书。当企业结构简单、职责清晰时，此法较易实施。

5. 德尔菲法

德尔菲法（又叫专家评估法）是指听取专家对未来发展的分析意见和应采取的建议，并通过多次反复在重大问题上达成较为一致的看法。通常经过四轮咨询，专家的意见可以达成一致，而且专家的人数以 10～15 人为宜（如图 3-12 所示）。

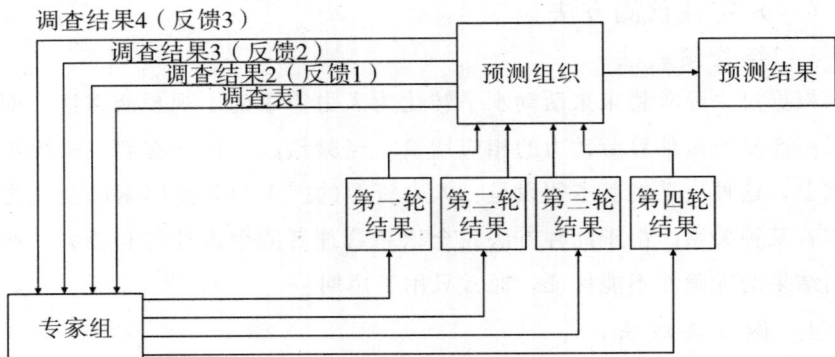

图 3-12　德尔菲法

德尔菲法分为"背对背"和"面对面"两种方式。背对背方式可以避免某一权威专家对其他专家的影响，使每位专家独立发表看法；面对面方式可以使专家之间相互启发。

（二）定量预测方法

1. 回归分析法

问归分析法是指通过建立人力资源需求量与其影响因素间的函数关系，从影响因素的变化推知人力资源需求变量的一种预测技术。

实际工作中往往是多个因素共同决定企业人力资源需求量，且这些因素与人力资源需求量呈线性关系，所以多元回归分析在预测企业人力资源需求量方面应用广泛。

2. 趋势外推预测法

趋势外推预测法是指根据已知的时间序列，用某种数学模型向外延伸，以得到未来发展趋势。

此法适用于市场比较稳定、价格弹性较小的商品，特别适用于短期预测。

3. 技能组合法

假设员工目前的结构或分布为理想状态，或者以优秀企业的各类员工比例为标杆，只需将此技能组合比例直接用于人力资源需求预测即可。

二、人力资源战略规划的供给预测技术

人力资源供给预测是为了满足企业对员工的需求、而对将来某个时期内企业从内外部所能得到的员工的数量和素质进行预测。

人力资源供给预测一般包括：分析企业目前的员工状况，如企业员工的部门分布、技术知识水平、工种、年龄构成等，了解企业员工的现状。分析目前企业员工流动的情况及其原因，预测未来员工流动的态势，以便采取相应的措施避免不必要的流动或及时给予替补。掌握企业员工提拔和内部调动的情况，保证工作和职务的连续性。分析工作条件（如作息制度、轮班制度等）的改变和出勤率的变动对员工供给的影响。掌握企业员工的供给来源和渠道。员工可以来源于企业内部（如富余员工的安排、员工潜力的发挥等），也可来自企业外部。对员工供给进行预测，必须把握影响员工供给的主要因素。

具体来说，人力资源供给预测技术主要有以下几个。

（一）人才盘点法

人才盘点法是对现有企业内人力资源数量、素质、结构和各职位上的分布状态进行核查，以便确切掌握人才拥有量。当企业规模不大时，核查是相对容易的。若企业规模较大、组织结构复杂时，人员核查应借助人力资源信息系统。这种方法是静态的，它不能反映人才拥有量的未来变化，因而多用于短期人才拥有量预测。虽然在中、长期预测中使用此法也较普遍，但终究受企业规模的限制。

（二）替换单法

替换单法是通过职位空缺来预测人力需求的方法，而职位空缺的产生主要是因离职、辞退、晋升或业务扩大产生的，这种方法最早用于人力供给预测，而现在可用于企业短期乃至中、长期的人力需求预测。通过替换

单，可以得到由职位空缺表示的人员需求量，也可得到由在职者职位变化可能性所带来的人力资源供给量。

根据人员替换单可以判断出某一具体职位的继任者有哪些人。此法侧重内部员工的晋升，可以起到鼓舞员工士气、激励员工的目的，同时降低了招聘成本，因为基层员工比较容易招到。

（三）马尔可夫预测模型

马尔可夫预测模型是用来预测具有等时间间隔（一般为一年）的时点上各类人员的分布状况，它根据企业以往各类人员之间流动比率的概率来推断未来各类人员数量的分布。

（四）计算机预测模拟

目前有许多基于计算机技术的预测模拟，以充分考虑各种变量对未来人员供需的影响，解决大规模的或人力无法解决的预测问题。运用计算机技术，管理者可以改变人事政策以判断这种变化对未来人员供给的影响，从而获得一系列与各种不同人事政策相对应的人力供给状况。

第四章　人力资源的获取与再配置

第一节　人力资源的获取

一、人力资源获取的概念与意义

人力资源获取是指根据组织战略和人力资源规划的要求，通过各种渠道识别、选取、发掘有价值的员工的过程。这一获取过程有广义和狭义之分，狭义的人力资源获取仅指企业通过组织外部和内部渠道招聘员工的活动，即人力资源的招募、甄选过程；而广义的人力资源获取则在狭义的基础上，涵盖了从组织内部发现员工的新价值、通过培训使得员工人力资本增值等过程，即人力资源在企业内部的再配置过程。这里采用广义界定，指从组织内部和外部招聘人力资源以及组织内部的人力资源再配置。

基于战略的人力资源规划从方向、原则、规划等方面系统地解决了企业需要什么样的人力资源、现实与期望存在何种差距以及如何建立适应战略需要的人力资源架构的问题。在此基础上，如何贯彻实施人力资源规划中关于人力资源获取的指导性原则是企业整个人力资源管理链条的第一个环节。

成功的人力资源获取活动对于构建和维持一个成功的组织体系是至关重要的。人是所有组织的、技术的、财务的或者管理过程和系统的核心，如果没有合适的人管理这些系统，即使有好的技术和系统，组织绩效也一样会很低。组织的成功和组织中人的胜任力密切相关，因此甄选合适的人以及最大限度地激励和留住合适的人是人力资源管理过程中最核心、最重要的环节。今天，组织的成功越来越多地取决于其服务质量的高低以及开发新产品和服务的能力大小，区别于传统的产业经济，在这一竞争环境中如何获取适合组织发展的人力资源显得越来越重要。

育人先选人，选人须权衡。对于大多数企业来说选人比育人更为重要，不论是从组织实践角度还是理论研究角度来看，人力不是公司的财富，合适的雇员才是。"合适的人"不是培养出来的，而是选出来的。因此，组织应在人力资源获取阶段仔细地鉴别适合组织、有培养潜质的人才。

二、人力资源获取的系统模型与操作流程

（一）人力资源获取的系统模型

人力资源获取除了作为整个人力资源管理体系的重要组成部分外，还有其独立运行的系统过程，与企业组织战略及人力资源管理的其他板块相互支持、相辅相成。

1. 人力资源获取的需求

当组织出现职位空缺或入职不相匹配时，就出现了获取人力资源的需求。一般说来，组织的人力资源需求主要有以下三种来源。

（1）人力资源规划

组织根据其战略发展和业务需要制定人力资源长期的获取规划，其中对人员供求缺口的分析是组织获取新的人力资源的主要需求来源。

（2）绩效考核

通过绩效考核，组织内部的"人事不匹配"现象在一定程度上会浮出水面，对于胜任能力和职位要求存在较大差距的员工或现有职位需求而言，存在再次配置的需求时，组织可以根据绩效考核的结果，在有利于改进绩效的前提下，重新配置人力资源。

（3）职业生涯发展

企业存在的目的除了追求经济以及社会效益最大化外，还有满足其成员个性化需求和职业生涯发展的目标，这一目标在知识经济时代尤显重要；另外，组织在"用人"的同时，也关注"育人"，为组织发展培育全方位人才也是组织获取未来竞争优势的重要途径，从这个角度出发，组织应通过有计划的工作轮换以及其他形式实现人力资源的再配置与再开发。

2. 人力资源获取的渠道

从上述系统模型中可以看出，组织获取人力资源主要有内部与外部途径。

（1）外部市场

外部市场主要指组织通过人员招聘从外部公开获取所需要的人力资源。

（2）内部市场

内部市场除了组织内部的公开招聘以外，还包括通过工作轮换、职位升降以及竞聘上岗等新的形式获取人力资源，实现企业内部人力资源的再次配置。

（3）社交人脉

社交人脉主要指企业利用员工、客户以及合作伙伴的社会网络来找到新员工，将员工人脉变为企业人脉。

3．人力资源获取的客观依据

人力资源获取与配置的最终目的和客观依据就是实现组织内部的工作任务与人员的匹配，在人力资源管理体系中，对于工作特征及其内在要求的描述与衡量是通过职位分析、任职资格体系以及胜任力模型的构建来表达的；而对于人的衡量则通过人员胜任力测评来实现，因此由这些人力资源管理的基础活动所提供的信息就构成了人力资源获取与配置的客观依据和参照系。

（二）人力资源获取的操作流程

人力资源获取的一股操作流程主要包括四个环节：定义需求、选择招募途径、实施甄选过程、试用考评。

在人力资源管理的实际操作中，人员"招募"和"甄选"这两个词经常用来互相替换。实际上，它们是完全不同的活动，招募是指组织确定工作需要，根据需要吸引候选人填补工作空缺的活动；而甄选是指从所有来应聘这一职位的候选人中进行选择的活动。人员招募的目的是形成一个工作候选人的蓄水池，从中以最低的成本选择最适合的员工。更具体地说，招募包括：根据组织预期成长，分析组织未来的人员需求。集中注意力只吸引有资格的候选人。确定组织的招募和甄选活动的合法性。确定吸引候选人的过程是公开、透明的。确保人员招聘实践能够支持组织的战略目标，同时和组织协调一致。

甄选的目的，简单地说，就是通过采用适当的甄选方法和程序，在最优的时间和成本的预算约束下，实现合适的人与合适的工作的匹配。

人力资源获取主要包括：定义需求。包括人力资源规划的内容，编制工作描述，工作规范以及胜任力模型等，确定甄选标准。招募候选人。包括评估候选人的情况，确定谁将参与这一程序，同时确定是否需要外部机构的介入。甄选候选人。包括选择和使用合适的评估和选择方法，从候选人中选择组织需要的人员。试用考评。对拟录用的候选人进行试用并考评其实际绩效是否符合组织的要求，从而做出是否最终录用的决定。

1. 定义需求

（1）需求申请

当组织中出现了新的职位或职位空缺后，就有了获取人力资源的需求。在大型组织中，一般通过正式的、战略性的人力资源规划完成职位配置需求分析这一规划性工作；在小型组织中则通过一些非正式的渠道完成这一过程。然而无论是通过何种途径，当组织内部的职能、业务部门有新员工需求时，应向人力资源管理部门提出正式的人员需求表。

人员需求表由人员需求部门相关人员在人力资源部门专业人员的指导下完成，主要包括的功能和作用有：①传达人员需求信息；②由人力资源主管部门评价是否需要招募新员工，这是组织内控体系的重要环节；③评价职位内容，即用来决定是简单的人员替换还是由于职位要求变化导致人事不匹配；④为招募活动提供信息支持。

（2）定义人员需求

人力资源部门在得到人员需求信息后，应着手进行人员招聘的准备工作，其核心工作就是定义人员需求的具体维度，在以职位为基础的人力资源管理体系中，专业人员可以从组织内部已有的职位说明书中获取目标职位的相关信息，当然这些信息需要在人员需求部门的配合下进行修订或再开发，确保需求信息的准确性；在以人为基础的人力资源管理体系中，应对职位的胜任力模型进行修订，作为人员甄选的指导标准。在当前的人力资源管理趋势中，越来越多的组织，尤其是大型组织更倾向于使用胜任力模型来界定工作。

2. 招募候选人

在定义人力资源获取需求以后，就进入了人员招募实施阶段，在这一阶段主要考虑的问题包括以下三个方面。

（1）组织优劣势分析

一项研究表明，在组织面向外部的人员招募活动中，组织应定位为对外宣传的"高标"，也就是说组织应以"优秀的雇佣者"的身份吸引更多优秀的、有潜质的求职者。在这观点的指导下，组织进行人员招募的第一步应是分析组织在劳动力需求市场上的优势与劣势以及目标职位的竞争性。这一分析包括组织的声誉、组织文化、职位的吸引力、角色的自主性、报酬水平、职业生涯发展、培训开发的机会、工作场所的吸引力以及在这些方面与其他竞争对手的比较优势与劣势。通过这一分析过程，组织可以明确自己在劳动力需求市场上的相对位置，为招募策略、手段、广告的选择与设计提供支持。

（2）招募渠道与策略

从宏观层面看，组织人员招募的途径分为内部、外部和社交人脉三种，在企业人员招募实践中，往往过于强调外部招募，而忽略了从组织内部招募人员。这三种招募途径各有其优点和缺点，三种招募方式的结合会产生最佳的结果。具体的结合力度取决于组织战略、职位类别以及组织在劳动力市场上的相对位置等因素，需要强调的是，对于组织的中高层管理人员，内部和外部招募都是行之有效的途径，在具体的选择方面并不存在标准的答案，一般说来，对于需要保持相对稳定的组织，中层管理人员更需要从组织内部进行提拔，而在企业需要引入新的风格，形成新的竞争时，高层管理人员可以从外部引入。

（3）招募者选择

招募者是组织与候选人接触的第一个环节，因此招募者的职业素养和行为方式将会影响候选人对整个组织的基本评价与判断，尽管没有明显的实证数据表明招募者的行为方式对求职者的最终选择起到较大的作用，但是可以肯定的是，招募者的行为尤其是在面对面的招募活动中，将会影响求职者对组织文化的兴趣和认同感。因此，在进行人员招募活动之初，对招募人员进行选择以及有针对性地培训是必要的。

大量的实践表明，招募者应具备的基本胜任力和品质包括：①表达能力；②观察能力；③协调沟通能力；④自我认知能力；⑤专业技能；⑥知识面；⑦诚实公正；⑧热情。

伴随着未来人才个性化与需求的差异化、营销与品牌管理的渗透，招聘的概念、价值和作用已然翻新。现代招聘对于招聘者来说，一半是科学、另一半是艺术，现代招聘人员应是招聘能手，既能吸引最被动的求职者，又能为公司或组织的招聘战略提供参考意见。此外，理论界的一些研究正试图寻找到底哪些因素会导致招募者的工作绩效出现差别，根据这些研究的结论，组织可以通过提高招募者对于候选人的影响力的措施包括：①招募者必须能够提供及时的反馈，求职者对于冗长拖拉的反馈往往印象不好，他们经常会毫无根据地猜测反馈延迟的原因；②招募者必须避免做出一些会导致求职者对组织产生错误印象的行为；③用团队的方式进行人员招募。通常情况下，招募者团队由人力资源部专业人员、用人部门技术人员组成。目前，用人单位为了增强校园招募的效果，通常会选择1～2名从该校毕业的校友现场分享在用人单位的亲身体会。

3. 甄选候选人

采用适当的甄选方法和程序，以最快的速度和最小的成本从众多候选人中挑选出企业所需要的合适的人员，实现人岗匹配。

4. 试用考评

对拟录用的候选人进行试用，由用人部门考评其实际绩效是否符合组织的要求，并出具试用期考评报告，从而做出是否最终录用的决定。

三、人力资源有效获取的影响因素、策略与渠道分析

（一）人力资源有效获取的影响因素

战略人力资源管理的行为观点认为，人力资源管理系统是雇主沟通、引出和维持期望的角色行为的主要手段之一，即管理者、同事和客户等角色伙伴认可的行为。这种角色行为包括正式工作描述和组织公民行为。人力资源管理通过这些角色行为有助于组织效能的提升。行为视角认识到外部环境（政府与工会、行业、劳动力市场、经济状况和组织的地理位置）和内部环境（如雇主品牌、商业战略、组织规模、文化等）的特征会影响对特定员工行为的吸引力和效用。

人力资源获取的渠道多种多样，划分标准不同，所体现的形式也不

同。按照人力资源获取的来源可以分为内部招募、外部招募、新型招募方式（社交招聘、AI智能招聘）以及招聘替代方式等。招募方式各有优劣，组织要根据自己的特点选择适合的招募渠道。

（二）内部招募的流程与注意事项

内部招募作为一个总体，还可以细分为内部提拔、工作调动、岗位轮换、重新聘用、公开招募五个来源。

1. 内部招募的流程

现在许多组织出于保持组织稳定性和更好地维护员工职业生涯的考虑，对于特定岗位倾向于内部招募的形式，特别是许多集团性的组织更是把内部招募作为员工的一种激励措施来看待。一般情况下，内部招募的操作流程如下。

（1）定义岗位需求

这个环节主要是依据职位说明书或人力资源规划的内容，确定具体岗位的胜任力，明确甄选标准。

（2）发布岗位招聘信息

由人力资源部门向各目标子公司发布招聘信息，如果是子公司有岗位需求时，在征得相关领导同意内部招募时，可以由集团人力资源部门向子公司发布招聘信息，这样便于集团统一管理。

（3）资格审查

按照甄选标准，由招聘小组成员对报名人员进行资格审查。

（4）甄选

采用适应的甄选方法对候选人员进行甄选。

（5）结果发布

对符合标准的拟将录用的候选人名单进行公示；对于未被录用的人员进行通知，并表示感谢与鼓励。

（6）办理调动手续

与原用人单位进行协商，办理相应的调动手续。

（7）评估

评估包括两部分：一是对所录用人员试用期绩效的评估，二是对此次招聘各环节的评估与改善。

2. 内部招募的注意事项

（1）内部招募要顺利实施，前提是集团内部形成内部流动的氛围与相应的机制保证。

（2）内部招募操作的各个环节一定要公开、公正、公平地进行，对于甄选标准、甄选方法以及最后结果都应及时向全体成员公示。

（3）对于录用人员的调动要与原用人单位进行协调，给原单位以充足的时间进行工作的交接，既不能妨碍原单位工作的顺利进行，也不能挫伤人员的积极性。

（4）对于未录用人员，要及时反馈未被录用的具体原因以及需要改进的方面，这样一方面能保持大家参与的积极性，另一方面还能促进人员的胜任力提升。

（三）外部招募的渠道与策略选择

组织的外部招募按照招募对象可以分为校园招募与社会招募两大类。

1. 校园招募

校园招募是针对大学在校学生进行的招募活动。学校是人才高度集中的地方，也是组织获取人力资源重要的源泉。每年都有数以万计的大学生迈出校门，走向社会。大学生的专业知识和对工作的热情是组织所期待的。

由于应届毕业生在知识结构、心理特征、技能水平等方面与具备工作经验的社会人才有较大差异，因此企业通过校园招募获取人才主要基于两个原因：一是大学生具有文化易塑性，在校的学生由于相对较少地接触社会和企业，因此在职业化行为、核心职业理念、价值观等方面尚未成形，相对容易接受组织文化，在与组织文化相融合的过程中，阻力较少。二是在目前来看，大学生是最具发展潜质的人员群体，对组织来说通过校园招募用于评价其潜质的信息相对完整、可信度较高。

校园招募目前主要有高校宣讲会、应届毕业生双选会、网络招募以及实习留用四种广为使用的途径。校园招募的形式除了定期宣传、开招聘会以外，许多企业还通过赞助校园文化活动、学术活动等来扩大知名度，吸引优秀人才的注意。一些知名企业还设立奖学金、助学金，与学校建立长期稳定关系，使学校成为未来员工的培养之地。另外，让学生到企业中实践也成为一种行之有效吸纳人才的方式。

一般而言，大学生的胜任力较高，具有生机和活力，并具有发展的潜力，但由于缺乏实际工作经验，所以在校园招募的过程中应注意以下几点。

（1）选派能力较强的招聘人员，因为大学生一般比较看重企业形象。

（2）对申请人的答复要及时，否则会对申请人到公司服务的意愿产生消极影响。

（3）大学毕业生可能会产生自身能力强于公司现有雇员的想法，因此他们希望公司的各项政策能够体现出公平、效率和人性化。

2．社会招募

社会招募是针对已就业的社会在职人员进行的招募。一般情况下，空缺岗位需要招募有一定工作经验的人员时常采用社会招募的办法在社会招募中，常用的招募渠道有以下四种：广告招募、网络招募、猎头服务、中介交流。其中，中介交流是早期的主流招聘渠道，如人才交流会、职业介绍所、推荐等。前面两种中介交流形式逐渐在劳动力市场舞台褪下光芒；而推荐的形式逐渐丰富并被赋予新的生命，被称作"社交招聘"这一部分将在新型招募中展开介绍。下面，将对前三种外部招募渠道进行说明。

（1）广告招募

通过媒体广告形式向社会公开招募人才是目前最为传统的人员招募方式。组织通过广告形式进行人员招募主要有以下两个关键思考点：一是广告媒体的选择，主要包括报纸杂志、广播电视、网站以及随机发放的宣传材料等；二是广告形式与内容的设计，一般说来招聘广告应满足"AIDA"（Attenlion-Interest-Desire-Action）原则。

（2）网络招募

网络招募也被称为电子招募，是指通过技术手段的运用帮助企业人事经理完成招募的过程，即企业通过公司自己的网站、第三方招募网站（如垂直招募网站）等机构，使用简历数据库或搜索引擎等工具来完成招募过程。网络招募员工已经成为众多公司普遍使用的一种手段，这些公司使用网络招募员工的目的是节省开支，同时认为网络招募范围广、速度快、白天晚上都可以操作；网上招募的缺点是收到的求职材料太多，筛选非常困难。

网络招募的主要优势有以下几个方面。

第一，信息覆盖面广。互联网的覆盖是以往任何媒介都无法比拟的，它的触角可以轻易地延伸到世界的每一个角落。网络招募依托于互联网的这个特点，达到了传统招募方式无法获得的效果。

第二，方便、快捷、时效性强。网络招募的双方通过交互式的网上登录和查询完成信息的交流。这种方式与传统招募方式不同，它不强求时间和空间上的绝对一致，也不受服务周期和发行渠道限制，方便了双方时间的选择。

第三，成本低。对于求职者来说，通过轻点鼠标即可完成个人简历的传递，原本几天才能完成的信息整理、发布工作，现在可能只要几十分钟就能够完成。这既节约了复印、打印费用，还省却了一番鞍马劳顿。对用人单位来讲，网络招募在节省时间成本的同时还减少了差旅费等支出。

第四，针对性强。网络招募是一个跨时空的互动过程，对供求双方而言都是主动行为，无论是用人单位还是个人都能根据自己的条件在网上进行选择，这种积极的互动有助于双方在掌握大量信息的前提下做出决策，因此减少了招募和应聘过程中的盲目行为。

第五，具有快速筛选功能。目前，各类人才招募网站都对求职者的专业、受教育程度以及从事的行业等个人信息进行了细化，因此用人单位可以针对自己的用人标准进行简历的快速筛选，这是传统招募方式所不能比拟的。

（3）猎头公司

猎头公司是近年来发展起来的为企业寻找高层管理人员和高级技术人员的服务机构。它们一般从事两类业务：一是为企业搜寻特定的人才，二是为各类高级人才寻找工作。这些猎头公司作为企业和人才的中间桥梁，掌握着大量人才供求的信息。它们通晓各种企业、组织对特殊人才的需求，同时根据市场变动及时收集大量的人才信息，拥有自己的人才数据库，因此通过猎头公司招聘的人才一般成功率较高，胜任力也较高。

一般来说，通过猎头公司招募人才费用较高，大致为推荐人才年薪的20％～30％。但由于核心人才对于组织具有较大的战略意义，尤其是高级管理和技术人员，而这类人员通常很难从公开市场上招募获得，因此从组织收益的角度来衡量，这些成本是微不足道的，正因为通过猎头公司招募核心人才对企业来说存在较大的风险，所以企业应审慎选择。在借助猎头公司招募人才时，应注意这四个关键环节：第一，选择一家诚信的猎头公司，通过各种渠道详细了解猎头公司服务的实际效果。第二，应向猎头公司详细阐明人才需求的相关信息，必要时应在合同中予以明确。第三，要求会见猎头公司中直接负责本项业务的人，确保其有能力胜任招募工作。第四，事先确定服务费用和支付方式。

（四）新型招募方式

在依托互联网展开的招聘平台中，创新的模式不断涌现，带来了多种新的招聘方式：社交招聘，以社交网络为基础实现招聘的营销化、社交化、黏性化、品牌化。垂直招聘，专注于垂直招聘领域，打造招聘的专业化和求职者极致的用户体验。移动招聘，移动端的即时互联、全网的精准搜索。智能招聘，以大数据技术为核心，通过海量数据库和推荐算法的结合，匹配最合适人才。下面将重点介绍两种新型招募方式：社交招聘、AI智能招聘。

1. 社交招聘

社交招聘是近年来逐渐兴起的一种招聘方式，通过企业的员工、客户以及合作伙伴等推荐人选，是组织招聘的重要形式。这种方式的优点是对候选人的了解比较准确，招募成本比较低廉，目前来说，最常见的社交招聘是通过员工的人脉推荐组织想要的员工。这种社交招聘有两种形式：一种是利用员工的人脉信息来招聘新员工，并在招聘时把应聘者人脉的实力作为优先考虑条件；另外一种是让整个团队参与招聘过程，并最终做出决定。公司必须了解员工在业内的宽广天地，而员工应该意识到自身的职业人脉是能够提升自身长期职业前景的重要资本之一。同时，作为联盟的一部分，员工应该利用自己的人脉来发展雇主的业务，因为他的业内熟人掌握的技能可能对公司十分重要。另外，个体表现的很大部分，甚至是绝大部分相对自身来讲，都更受其所处团队或组织影响。因此，将招聘作为团队任务能更好地找到合适的员工。

2. AI智能招聘

在互联网革命浪潮下，在线招聘顺势而生。由于访问流量高、不受地域限制、对企业和求职者信息的优化管理等特点，在线招聘在 20 世纪 90 年代产生并迅速发展，并在新科技企业得到完善。卓越的招聘离不开对技术的充分运用。综观当前主流的技术，能够充分运用于招聘领域的主要有社交媒体、数字营销、移动化、机器学习及大数据分析等。在当前，AI 智能招聘主要应用于视频招聘。

面对新的招聘趋势，求职者除了传统面试需要做的一些准备，如自我介绍、求职意向、专业问题等方面的准备外，针对视频面试远程在线沟通的特点，还需要做好以下准备。

（1）面试环境准备

营造安静的环境，找一个安静且具有商务气息的环境。营造柔和的灯光，测试灯光角度，确保自身不会被阴影遮住。积极聆听，准备好记事本和钢笔或铅笔，以备在面试期间进行简单记录。

（2）网络准备

接好网线，插好耳机，避免麦克风出现噪声。在面试开始前测试镜头，并再次检查麦克风和扬声器是否正常工作。将镜头尽可能与眼睛保持在同一水平线上，这样可以与镜头保持正视，与面试官眼神接触。使身体处于屏幕的中间，与屏幕保持适当距离。确保露出手臂的上半部分，并且在头部上方适当留出空间，使面试官也能看到求职者的肢体语言。

（3）面试过程

请注视镜头，与面试官进行眼神接触。坐直身体，不要向一边倾斜，身体略微朝向镜头前倾有助于增强眼神接触，并且面试官能够更好地看到求职者的面部表情。用自然的语气讲话，不时加入一些表现出正在聆听的词（"嗯"或"是的"）可以让面试官知道求职者能听到他们讲话。音频和视频可能会出现滞后现象，因此要注意讲话的语速。如果遇到技术故障（如信号微弱、干扰或混乱），可以请面试官将问题重复一遍，如果仍然有问题，请有礼貌地提出并且重新连接。

（4）结束面试

概括本轮面试的要点，感谢面试官花时间为求职者面试，并且询问后续步骤。注意掌控时间，并且遵从面试官关于结束此次面试的暗示。

（五）招聘替代方式

尽管招聘和选择成本在买方市场上已稍微有所下降，但还是很高的，它常常包括寻找过程、面试、支付代理费以及重新安置和培训新员工等成本。并且一旦员工被雇用，即使其业绩仅能勉强合格，也很难再辞退。因此，公司在从事招聘之前应认真考虑它的备选方案。招聘替代方式主要有以下六种。

1. 加班

加班是解决工作量短期波动最常使用的方法。

加班对雇主和员工双方都有帮助，加班的优点是雇主由于避免了招聘、选择和培训等费用而获益，员工也可以得到较高的报酬。相伴而来的是潜在的问题：许多经理认为当他们与员工一起为公司长时期加班后，公司支付增加而得到的回报减少，员工会变得疲劳并缺乏以正常工作效率完成工作的精力，特别是需要过度加班时。

2. 转包

转包即企业选择将工作转包给另一家企业。

3. 应急工

应急工即利用兼职工或临时工。

4. 租赁员工

租赁公司以同样的薪水雇用员工，并作为雇主承担所有相关的责任，然后将他们租给前任雇主。

5. 人力资源外包

选择由猎头公司来做。

6. 以任务为导向的工作招募

以上招聘方式说明，如今无论是大型企业还是小型公司，工作都在发生转变—企业与职场的变化与此相似，各种新型工作方式的出现有助于管理者根据需求随时随地组织工作任务和工作者，甚至有的企业出现全职员工的自由化趋势。

第二节　人员甄选技术

一、人员甄选的概念

（一）定义

人员甄选是指组织通过一定的手段，对应聘者进行区分、评估，并最终选择哪些人将被允许加入组织、哪些将被淘汰的一个过程。人员甄选包括两个方面：一是甄选的客观标准和依据，二是人员甄选技术的选择和使用。正如前面提到的，组织通过人力资源管理的两项基础性工具，职位分析和胜任力模型，提供了职位包含的基础信息，除了对职位本身的描述之外，对任职者的资格要求也进行了界定，这一信息正是人员甄选的客观标准和依据。

（二）甄选方案制定过程中的限制因素

人员甄选技术经过多年理论实践研究获得了长足的发展，形成了较多的人员测评工具，虽然由于"人"本身的复杂性，使得无法通过这些技术获取对人准确的理解和把握，但是通过这些技术可以最大限度地减少做出错误判断的可能性，因此应合理选择各种人员甄选工具，尽量减少甄选中的误差，避免错误。对于任何组织，尤其是以人才为核心竞争力的知识型组织来说，能否选择合适的组织成员，对于组织的生存能力、适应能力和发展能力而言，都将产生至关重要的影响。因此组织有必要在招募到大量候选人的前提下，采用审慎而适当的甄选办法，从中挑选合适的组织成员。

（三）甄选中的社会伦理道德

甄选中的社会伦理道德是企业文化价值观的一部分，是甄选过程中不容忽视的要点。例如，在甄选中尊重和信任候选人等。一方面，企业伦理对候选人的人格尊重和经济利益的重视会提高企业的雇主品牌效应，对于激发员工工作热情及创造性起到极大的作用。另一方面，以机制培养和开发企业的人力资源，是企业增强市场竞争力和提高经济效益的必要条件之一。甄选主要包括以下三个方面。

第一，坚持审慎原则，企业选人用人要符合基本规律，除了要考虑人力资源管理上的难点外，还要考虑用人的各种风险，避免主观任意性。

第二，仔细考查候选人的品格，通过一些与价值观、道德观相关的问题来了解候选人在道德品格上是否有重大缺陷以及他所持的价值观与企业文化的相融程度。

第三，加强监督和管理。企业在人才招聘及使用过程中的行为要自查是否符合国家的法律法规和政策，是否存在损害候选人利益的行为。

二、人员甄选的客观标准和依据

职位内在的要求是人员甄选录用的客观标准和依据，而对职位内在要求的描述主要体现在职位分析和胜任力模型的构建之中。在国内企业职位分析的实际操作中，同时包含了胜任力模型的相关内容，所以胜任力模型的思想和职位分析的思想不是对立而是互为补充的。

（一）用职位分析甄选显性特质

一般说来，人员甄选主要考虑应试者的特征包括：基本生理/社会特征。例如，性别、年龄、户籍等。知识/技能特征。学历、专业、专业工作经历、其他工作经历、培训数量、专业资格证书。心理特征。各种胜任力、人格、兴趣偏好。

职位分析的最终结果包括两个部分：职位描述和职位规范（任职资格），其中职位规范部分一般比较具体，涵盖了职位要求的基本生理/社会特征、知识/技能特征。

（二）用胜任力模型定位隐性特质

对于人员甄选中更具实际意义的"软约束"，即心理特征来说，虽然有的职位分析也涵盖此项内容，但更多的还是借助胜任力模型来体现。胜任力模型不但能够清晰地界定职位所需要的胜任力类型，还可以根据职位需要确定理想的胜任力类型等级，作为人员甄选的依据。

在胜任力模型界定的基础上，根据胜任力维度的具体要求选择适当的人员甄选方法，以获取组织需要的人员。

三、人员甄别的操作

（一）甄选方法所需达到的标准

1．信度

信度是指一种测试手段不受随机误差干扰的程度，人员甄选中的许多工作都涉及通过对人的人性特征进行衡量来决定让谁来填补职位空缺，一般来说，在其他条件不变的情况下，测试的信度越高，越有可能依据测试结果所揭示出的差异性来做出决策。

2．效度

效度是指测试绩效与实际工作绩效之间的相关程度，也就是预测的有效性问题。测量工具的有效性会在很大程度上影响人员甄选的最终结果，因此测试工具的效度是企业进行人员甄选最为关注的方面。

3．普遍适用性

普遍适用性是指在某一背景下建立的甄选方法的效度同样适用于其他

情况的程度，通常情况下可以概括出三种不同的背景：不同的处境、不同的人员样本以及不同的时间段。

4. 效用

效用是指甄选方法所提供的信息对于组织的基本有效性进行强化的程度，即甄选方式的成本与组织收益的相对大小。

5. 合法性

甄选方式必须满足合法性的要求，不应涉及候选人的隐私问题，目前我国在这方面的立法不太完善，但组织应避免甄选工具的使用引起不必要的法律纠纷。

（二）人员甄选的操作技术

提到人员甄选的操作技术，首先要介绍的一个概念是评价中心。评价中心是一套侧重情境的综合评价体系，它采用综合测评方法对被试者进行全面的观察和评价，测试人员根据职位需求设置各种不同的模拟工作场景，让候选人参与，并考查他们的实际行为表现，以此作为人员甄选的依据。由于评价中心在现代企业甄选中的突出作用，使得有的企业设置同名部门或者办公室来开展甄选。下面将对评价中心中的背景调查和笔试、面试、模拟情境测试、心理测试等进行一一介绍。

1. 背景调查和笔试

背景调查包括身体能力测试、个人背景问卷、自我小传等，属于对候选人的常规调查。笔试主要用于测量应聘者的基本知识、专业知识、管理知识以及综合分析能力（如智力测试）、文字表达能力等方面的差异。背景调查和笔试的优点在于花费时间少、效率高、成本低，对应聘者知识、技术、能力的考查信度和效度较高，成绩评价比较客观，因此笔试至今仍是用人单位使用频率较高的人才选拔方法。它们的缺点在于不能全面地考查求职者的工作态度、品德修养以及其他一些隐性能力，因此背景调查和笔试往往作为其他人员甄选方式的补充或是初步筛选方法。例如，我国每年一度的公务员考试就是政府机关筛选求职者的第一步。

2. 面试

面试是指由一个或多个人发起的以收集信息和评价求职者是否具备职位任职资格为目的的沟通过程，面试是在各种组织中应用得最为广泛的一种甄选方法。面试主要有以下六种基本的类型。

（1）非结构化面试

非结构化面试中允许求职者在最大自由度上决定讨论的方向，而主持人则尽量避免使用影响面试者的评语，也称为"非引导性面试"。从某种意义上讲，这种面试是主考官和求职者进行的一种开放式的、任意的谈话，它没有固定的模式和事先准备好的问题，根据面试的实际情况即兴提问。一般主考官的提问分为两种类型：一是描述性的问题，如"请你介绍一下以往的工作经历"；二是预见性的问题，主考官会提出一些假设性的问题，要求求职者就这些问题作出回答。

非结构化面试是一种随意性较强的面试过程，它将求职者的信息、态度、情感都摆在主考官的面前，有经验的面试主考官可以从中获取对求职者隐性胜任力的判断，而且由于灵活性较强，主考官可以针对某一问题深入询问，但正是由于这种灵活性的存在，使得非结构化面试的信度与效度都大打折扣，面试的结果往往存在大量的"弃真"错误，造成人才的流失，而且面试效果与主考官的经验和技术水平有一定的关系。由于非结构化面试的优缺点相对明显，因此让结构化面试往往作为其他甄选方式的前奏或是补充，发挥"补漏"的作用。

（2）结构化面试

结构化面试是在面试前，主考官提前准备好各种问题和提问的顺序，严格按照这一事先设计好的程序对每个应试者进行相同内容的面试。这种面试的最大的优势就在于面试过程中采用同样的标准化方式，每个应试者面临相同的处境和条件，因此面试结果具有可比性，有利于人员选拔。

（3）情境面试

情境面试是根据面试内容对面试进行的分类，情境面试是结构化面试的一种特殊形式，它的面试题目主要由一系列假设的情境构成，通过评价求职者在这些情境下的反应情况，对面试者进行评价，情境面试的试题多来源于工作，或是工作所需的某种胜任力的体现，通过模拟实际工作场景，反映应试者是否具备工作要求的胜任力。

（4）以行为为基础的面试

以行为为基础的面试与情境面试较为相近，都是给予应试者一个既定的情况，要求应试者作出回答情境面试更多的是一个假设的事件，而以行为为基础的面试则是针对求职者过去工作中所发生的事件进行询问，例如，"请说出你最为得意的一个研发项目内容""在这一项目中你在管理方面遇到的最大的困难是什么，你是如何处理的。"等。

在以行为为基础的面试中，一个显著的特点就是常在问题中使用类似于英语语法中的"最高级"的提问方式，如"请描述你对过去工作最不满意的地方"。这一提问方式有助于发掘在过去工作中对应试者印象最为深刻的事件，而这些事件往往是决定其工作绩效或离职的最关键的因素，因此以行为为基础的面试比传统的面试更加有效。

（5）小组面试

小组面试是指由一群主试者对候选人进行面试。小组面试有以下优点：普通的面试通常是由每位主考官重复地要求求职者谈论同样的问题；但是小组面试允许每位主试者从不同的侧面提出问题，要求求职者回答，类似于记者在新闻发布会上的提问。相对于普通面试，小组面试能获得更深入、更有意义的回答，但这种面试同时会给求职者增加额外的压力。

（6）压力面试

压力面试的目标是确定求职者将如何对工作上承受的压力做出反应。在典型的压力面试中，主考官提出一系列直率（甚至是不礼貌）的问题，让求职者明显感到压力的存在，甚至陷入较为尴尬的境地，主考官通常寻找求职者在回答问题时的破绽，在找到破绽后，针对这一薄弱环节进行追问，希望借此使应试者失去镇定。例如，一位 CRM（客户关系管理）经理职位的求职者在自我描述中提到他在过去的两年里从事了四项工作，主考官抓住这一问题，反问他频繁的工作变换是否反映了他的不负责任和不成熟的行为。面对这样的问题，求职者若对工作变换能做出平静清晰的解释，则说明他承受压力的能力较强；若求职者表现出愤怒和不信任，就可以认为其在压力环境下承受能力较弱。

3. 情境模拟测试

在企业实践中，评价中心采用的模拟情景测试主要包括无领导小组讨论、公文处理、角色扮演等。

（1）无领导小组讨论

无领导小组讨论是指由一组求职者（5～7人）组成一个临时工作小

组，讨论给定的问题，并做出决策。其目的在于考察求职者的表现，尤其是看谁会从中脱颖而出，成为自发的领导者。

无领导小组有自己适用的测试范围，当某职位需要应聘者具有以下几种类型的能力和个性特征时，就可以采用这种方式进行选拔：团队工作能力。包括个人沟通能力、人际交往能力、合作精神、组织协调能力等。问题解决能力。包括理解能力、逻辑推理能力、想象创新能力以及信息收集和提炼能力等。求职者的个人风格。包括个人主动性、自信心、决断能力和独立性等个人特质。

无领导小组讨论作为一种有效的测评工具，和其他测评工具比较起来，具有的优点包括：能检测出笔试和单一面试所不能检测出的隐性的能力或胜任力。能观测到应试者之间的互动。能依据应试者的行为特征来对其进行更加全面、合理的评价。能使应试者在相对无意识中展示自己多方面的特点。能在同一时间对竞争同一岗位的应试者的表现进行同时比较（横向对比）。应用范围广泛。

无领导小组讨论是一项技术性较强的人员测评技术，为确保其具有较高的信度和效度，在进行无领导小组讨论时有以下关键思考点。

第一，论题的内容。无领导小组讨论的问题应与目标岗位将面临的问题具有高度的相似性，即要求问题的现实性和典型性都要好，以达到最大限度的情境模拟，不但能够检测应试者对目标岗位的了解状况，而且能够检测应试者从事目标岗位的适合度。

第二，论题的难度。讨论的问题一定要一题多议，一题多解，有适当的难度。无领导小组这种测试方式重在"讨论"，通过讨论来观察和评价应试者的各项能力或胜任力，这种讨论不在于阐明、捍卫某种观点或思想的对错，而在于讨论过程中表现出的个人特质。

第三，角色平等。无领导小组讨论最大的特点就在于没有明确指定小组讨论中的领导，而对于那些适用于角色分工的讨论题，讨论者本身对角色的分工在地位上一定要平等，不能造成应试者之间有等级或者优劣的感觉。只有应试者的地位平等了，才能有发挥自己才能和潜质的同等机会，评价结果才有可比性。

第四，考官参与度。考官在给应试者提供了必要的资料、交代问题背景和讨论要求后，一定不要参加提问、讨论或是回答问题，以免给应试者暗示。整个讨论过程考官可以在场或是回避，通过摄像机监测、录像，记录讨论的全过程。

（2）公文处理

公文处理又叫"公文筐"测验，是"评价中心"中最常用、最具特色的工具之一（它在"评价中心"中的使用频率为95％），它是对实际工作中管理人员掌握和分析资料、处理各种信息以及做出决策的工作活动的一种抽象和集中。测验在假定的环境下实施，该情境模拟组织发生过的实际业务、管理环境，提供给受测人员的信息涉及财务、人事备忘录、市场信息、政府法令公文、客户关系等数十份材料。测验要求受测人员以管理者的身份，在规定的条件下对各类公文进行处理，形成公文处理报告。通过应试者在规定条件下处理过程的行为表现和书面报告评估其计划、组织、预测、决策和沟通的能力。

（3）角色扮演

角色扮演是一种比较复杂的测评方法，它要求多个应试者共同参加一个管理性质的活动，每个人扮演一定的角色，模拟实际工作中的一系列活动。例如，要求多个应试者合作完成一种新产品的销售工作。这一活动要求经历前期策划、宣传、销售等一系列环节。小组成员间实行分工合作，有时可在同一时间安排几个小组对类似的产品展开销售竞争活动。

这种管理游戏能够有效地考查应试者的实际工作能力、团队合作能力、创造性、组织协调能力等，并且效度较高。

4．心理测试

在人员选拔中常用的心理测试方法包括个性测试、职业性向测试等。

（1）个性测试

个性是指一个人具有的独特的、稳定的对现实的态度和行为方式，它具有整体性、独特性和稳定性等特点，对应试者个性测试的目的是寻找人的内在性格中某些对未来绩效具有预测效用或是工作与之相匹配的特征，以此作为人员甄选的依据。人格测试在西方管理学和心理学界具有悠久的历史，并开发出了大量的人格测试方法，一般分为以下两种类型。

一类是自陈式测验。这种测验方法的假设前提是"只有本人最了解自己"，因此其资料来源主要是依靠应试者提供的关于自己个性的回答。这种方法最大的缺点在于应试者诚信度无法事先获悉，即应试者无法确定是否会美化自己的人格特征，尤其是在问卷的答案倾向性过于明显时。

另一类是投射法测验，这种方法的假设前提是人们对于外界刺激的反应都是有原因的，而不是偶然的，且这些反应主要取决于个体的个性特征。这种方法一般利用某种刺激物（图片、词语、物品等），要求应试者根据刺激物进行联想，并以此来探究他们的心理状态、动机、态度等个性特征，通过这种方法可以更多地探求到个体更多尚处于潜意识中的欲望、需求和动机。

（2）职业性向测试

职业性向是指人们对具有不同特点的各类职业偏好和从事这一职业的愿望。职业性向测试就是揭示应试者对工作特点的偏好，即应试者喜欢从事什么样的职业，应试者的这一态度在很大程度上影响员工在职位上的绩效和离职率。

第三节　人力资源再配置

一、人力资源再配置及其理论基础

（一）人力资源再配置的必要性

组织通过人员招募与甄选获得了组织正常运行与发展所需的人力资源，但是正如前面提到的，组织与员工的交换是基于不完整信息的交换过程，由于组织对员工了解得片面或是由于人员选择组织或组织中职位的盲目，或是员工经过培训和锻炼超越了职位本身的要求，凡此种种都造成了组织根据实际情况进行人力资源再配置的需求。

组织处于一个不断变化的环境之中，而组织本身也在悄悄地发生令人惊叹的变化，大多数时候组织成员的变化是积极而隐蔽的，组织应实时对人力资源进行盘点，以发现这些变化的性质和结果，因为这一变化往往会给组织带来意外的惊喜，每个组织内部都有大量被大材小用或未受重用的人才，组织的人力资源需要重新审视。

人力资源再配置是组织根据在实际工作中员工与职位匹配程度或是员工个人因素，对员工重新评价、重新配置的过程。在实际操作中，人力资源再配置表现为多种形式，按照再配置的原因可分为如表 4-1 所示的四类。

表4-1　人力资源再配置的原因及途径

再配置原因	途径
根据绩效考核或任职资格考核，发现人事不匹配（高于或低于职位要求）	晋升、降职、辞退
员工职业生涯发展需要	工作轮换
职位空缺，从组织内部招募	竞聘上岗
组织业务、形态发生变化	内部创业

（二）人力资源再配置的理论基础

关于组织内部人力资源再配置的必要性，国内外学者从组织和员工内在需求出发进行了大量的研究工作，主要有以下几种有代表性的理论。

1. 勒温（Kurt Lewin）的场论

美国心理学家勒温提出个人的绩效 B 是个人的能力和条件 p 与所处环境 e 的函数：

$$B=f（p，e）$$

其表达的含义是，员工个人的绩效除了与其个人内在的胜任力和能力相关以外，还与其所处的环境（"场"）息息相关。由于环境变量往往是相对稳定的，因此在这一函数中，环境相当于常数。若环境 e 呈现出与绩效右的负相关关系，即员工处于与自己偏好不相符合的环境中，就会严重影响员工绩效，同时也会造成员工与组织的互不信任，甚至对立。显然，低绩效、员工满意度低不是组织追求的目标，组织解决这一问题的途径就是通过人力资源再配置，为员工寻找新的、合适的职位，同时为职位配置新的员工。

勒温的场论是从人与工作环境不匹配的角度出发，分析人员流动的必要性，其中间的传导因素或称"不匹配"表征是员工绩效，所以该模型为通过绩效考核或是任职资格考核确定组织人力资源再配置提供了理论依据。

2. 库克（Kuck）曲线

美国学者库克提出了人的创造力周期的统计曲线，论证了人才流动的必要性（如图4-1）。

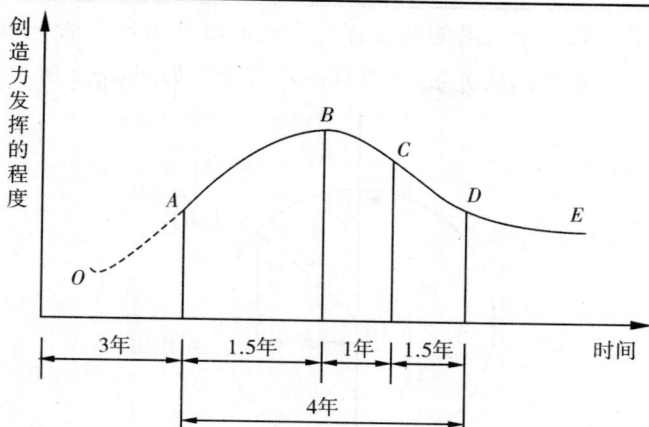

图 4-1 库克曲线

库克曲线是根据对研究生参加工作后创造力发挥情况所做的统计绘出的曲线。在图 4-1 中，OA 表示研究生在 3~4 年学习期间创造力增长情况；AB 表示研究生毕业后参加工作初期（1.5 年），第一次承担任务的挑战性、新鲜感以及新环境的激励，促使其创造力快速增长；BC 为创造力发挥峰值区间，这一峰值水平大约可保持 1 年，是出成果的黄金时期；随后进入 CD，即初衰期，创造力开始下降，持续时间约为 1.5 年；最后进入衰减稳定区即 DE 区间，创造力继续下降，并稳定在一个固定值上。如不改变环境和工作内容，创造力将在低水平上徘徊不前。为激发研究人员的创造力，应及时变换工作部门和研究团队，即进行人力资源再配置。人的一生就是在不断开辟新工作领域的实践中，来激发和保持自己的创造力的，即走完一个 S 形曲线，再走下一个 S 形曲线。

库克曲线从员工尤其是研发类员工的创造性角度出发进行统计论证，认为组织必须在认识到员工创造性自然增减的规律的基础上，及时进行工作轮换，不断赋予员工新的任务和使命，以保持其旺盛的创造力。

3. 目标一致理论

处于群体中的个人，只有在个体方向与群体方向一致的时候，个体的能力才会得到充分发挥，群体的整体功能水平也才会最大化。如果个体在缺乏外界条件或者心情抑郁的压制状态下，就很难在工作中充分展现才华，发挥潜能。个体的发展途径也不会得到群体的认可和激励，特别是在个人方向与群体方向不一致的时候，整体工作效率必然要蒙受损失，群体功能水平势必下降。个人潜能的发挥与个人和群体方向是否一致之间，存在着一种可以量化的函数关系，"目标一致理论"如图4-2所示。

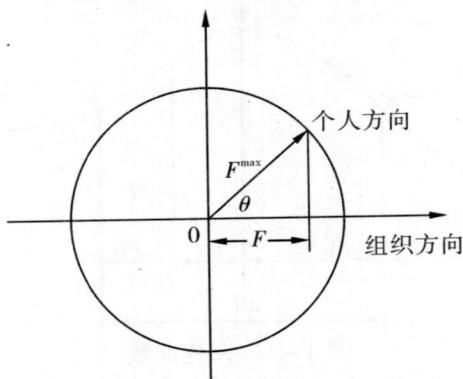

图4-2　目标一致理论

在图4-2中，F表示一个人实际发挥出的能力，F_{max}表示一个人潜在的最大能力，θ表示个人目标与组织目标之间的夹角，可用公式表示三者之间的关系：

$$F = F_{max} \times \cos\theta \quad (0 \leqslant \theta \leqslant 90°)$$

显然，当个人目标与组织目标完全一致时，若$\theta = 0$，则$\cos\theta = 1$，$F = F_{max}$，个人潜能得到充分发挥；当二者目标不一致时，$\theta \geqslant 0°$，$\cos\theta < 1$，$F < F_{max}$，个人的潜能受到抑制。解决这一问题有两个途径：一是个人目标同组织目标靠近，组织通过文化熏陶、培训指引，引导个人的志向和兴趣向组织和群体方向转移，并努力趋于一致；二是进行人力资源再配置，引进适合组织文化和价值观的员工，使个人的积极性得到充分发挥，形成良性循环。

二、人力资源再配置途径

（一）工作轮换

1. 工作轮换的定义和驱动因素

工作轮换是企业内部有组织、有计划、定期进行的人员职位调整，对组织来说工作轮换有主动和被动两方面驱动因素（如表4-2所示）。

表 4-2　工作轮换的驱动因素

主动因素	被动因素
员工胜任力、能力多样化要求 职业生涯发展	提高试岗率 防止腐败、山头主义

（1）员工胜任力、能力多样化要求

现代企业发展所面临的外部环境不确定性增加，尤其是知识经济的冲击使得组织运行方式、人员胜任力要求均发生了翻天覆地的变化，新兴的柔性组织、团队工作方式等对员工的知识、技能等方面提出了更高的要求，培养具有多样化的胜任力、技能结构的员工越来越成为组织关注的焦点通过工作轮换，使得员工具有在组织内部多种岗位的工作经验，有利于增强员工对组织的适应性以及工作绩效的提升。

（2）员工职业生涯发展

现代企业的存在价值不仅仅是追求企业自身的发展，满足员工职业生涯发展的需求也是组织所追求的目标之一；研究表明，员工满意度的一个重要的影响因素是员工的个人发展和实现。因此根据员工职业生涯发展规划的需要，合理安排员工在组织内部的工作轮换不仅是帮助员工实现自我、提高满意度的重要途径，也是组织义不容辞的责任。

（3）提高适岗率

组织内部的"人事不匹配"的现象可以通过定期工作轮换加以解决，通过工作轮换加以清晰发现员工和组织的"结合点"，员工适合组织中的何种职位。

2．实行工作轮换制度的优点

（1）工作轮换制度是一项成本较低的组织内部调整和变动，既给企业员工带来工作的新鲜感和挑战性，又没有带来太大的组织破坏。企业可以通过轮换制度的实施，发现员工的优点和不足，使组织重组后更具效率。

（2）工作轮换制可避免大笔的工资和福利成本增加，是较为经济地提高员工工作满意度的方法。随着经济的发展，金钱作为激励手段的效果越来越下降，而工作本身的意义和挑战性已成为激励的重要手段。另外，不断地增加工资和福利也使得企业的负担加重，竞争力降低，工作轮换制是增强员工工作满意度的既经济又有效的方法。

（3）工作轮换制可以减轻组织晋升的压力，减少员工的工作不满情绪，员工长期得不到应有的提升，必将导致对工作的热情下降。而组织中能提供的晋升岗位又十分有限，难以满足员工的晋升要求，许多企业因为缺少应有的晋升岗位，使一些优秀的员工离开企业，而工作轮换制可以在一定程度上缓解企业组织中晋升岗位不足的压力。

（4）工作轮换制的一个最为重要的作用是提高员工工作新鲜感，使工作充满动力和意义。在工作轮换过程中，员工可根据工作的实际需要进行有关的职位培训和进修，将学习和工作要求相结合，使工作本身更加具有趣味性和挑战性。

3．工作轮换的规划

为实现工作轮换过程，企业应从组织和个人两个层面进行工作轮换的规划。

（1）个人层面的规划

个人层面的工作轮换的基础是个人职业生涯发展规划，职业生涯发展规划是个人长期发展的策略目标组合，根据职业生涯发展规划的要求，企业专职人员应对其实施条件进行分析，即通过何种途径能帮助员工实现其发展目标，主要分析要点有技能要求分析、知识要求分析、胜任力要求分析、行为要求分析，在此基础上确定获取这些要求的途径，其中一个重要的途径就是工作轮换，可通过编制员工工作轮换规划表来实现。

员工工作轮换规划表的形式和内容不尽相同，主要包括员工职业生涯发展各阶段职位轮换的类型，需要开发的技能、需要优化的知识结构、需要提升的胜任力类型以及需要改进的行为方式等，还包括对这些方面的考核标准，以此来评价职位轮换的效果以及是否可以转入下一次轮换流程等内容。

（2）组织层面的规划

组织层面的规划主要体现在组织的短期人力资源需求规划之中，编制组织内部职位轮换表，为需要进行工作轮换的员工合理安排轮换岗位，同时做好对工作轮换的效果评估。

（二）晋升与降职

在组织内部公开、公平、公正的考核评价体系的支撑下，对组织成员进行职位（包括组织内部各种类型的职位价值序列或技能等级序列）的升降是组织内部优化人力资源配置的一条重要途径。

组织通过职位升降可以实现的目的包括：优化组织内部人力资源配置。引人竞争淘汰机制，激发员工潜力。奖励高绩效员工。为员工职业生涯建立发展通道。激励员工参与培训，提高任职资格水平。

1. 职位升降的客观依据

为实现上述目的，组织必须为职位升降建立一套客观公正的评价体系，以保证职位升降的相对公平。组织对员工的认识与评价主要通过绩效考核以及任职资格评价来实现，因此对员工工作绩效的考核以及对员工行为能力的考核就构成了职位升降的客观依据。

（1）绩效考核与职位升降

绩效考核是职位升降的前提，只有绩效考核优良的员工才有职位晋升的资格，成为组织培养的对象。而对于绩效考核等级为差、在培训后仍不能提升绩效的员工，应考虑调换岗位，甚至辞退。

这一制度安排是基于如下假设。

第一，在现有职位上的高绩效是员工能力、胜任力较高的表现，该员工可能从事更高层级的工作。

第二，绩效持续为差的员工可能使其能力、胜任力与现有岗位不匹配。

第三，组织应对高绩效的员工进行奖励，其途径之一就是职位晋升，以最大限度地发挥其潜能。

组织通过绩效考核，形成对员工在现有职位上的绩效评价，根据这一评价等级确定员工是否具备职位升降的资格。

（2）任职资格评价与职位升降

绩效考核结果优秀只是对员工胜任现有职位的肯定，同时假设员工具备胜任更高层级职位的能力，但员工是否胜任更高层级的工作、是否会按照"彼得原理"的描述被提升至其不能胜任的岗位，这一问题关系到组织正常运行和员工未来发展任何组织都应采取措施对员工更高层次的胜任力进行考查，任职资格评价正是实现这一功能的有效手段。

任职资格评价是对具备晋升资格的员工在进行一系列培训后进行的资

格认证，确定员工的知识、技能以及胜任力板块的特征能否胜任新职位的要求。

2. 职位升降的实施流程

职位升降的基本实施过程如图 4－3 所示。

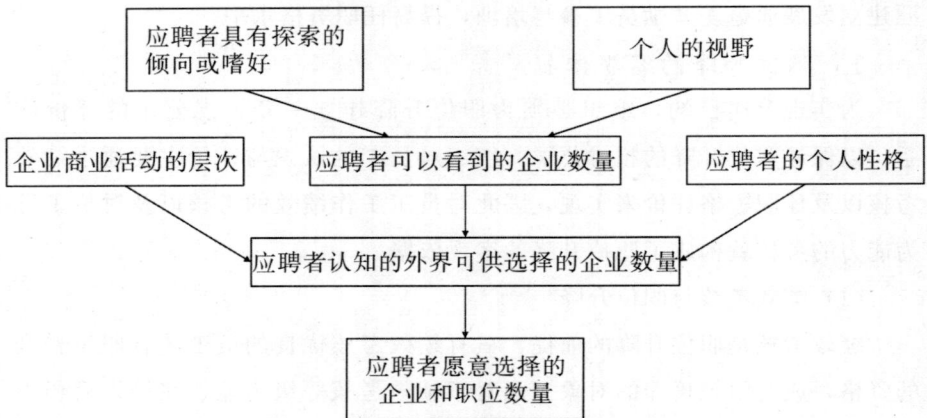

```
应聘者具有探索的          个人的视野
倾向或嗜好
```

```
企业商业活动的层次    应聘者可以看到的企业数量    应聘者的个人性格
```

```
应聘者认知的外界可供选择的企业数量
```

```
应聘者愿意选择的
企业和职位数量
```

图 4－3　职位升降的实施流程

在职位升降过程中，组织应积极主动做好与候选人的沟通交流，通过这一程序可以清晰、及时地传递组织期望和要求，减少员工对组织的不信任感，尤其在处理降职或辞退的员工时，应向员工阐明组织作出这一决策的理由和依据，并就员工今后职业生涯发展的安排进行积极磋商，减少操作过程中的摩擦和误解。

（三）竞聘上岗

所谓竞聘上岗是指全体人员，不论职务高低、贡献大小，站在同一起跑线上，重新接受组织的挑选和任用。同时，员工也可以根据自己的特点和岗位的要求，提出选择希望和要求在调整组织结构的基础上，发布岗位空缺和任职资格的要求，重新选拔和任命，竞争上岗。

竞聘上岗是组织进行内部人力资源再配置的另一条重要途径，通过竞聘上岗，组织内部所有候选人在共同的平台上进行公开、公平、公正的竞争，可以避免或降低部分人不平衡的心态；同时，通过采取各种有效的测评方法也为组织进一步了解其员工的内在潜质、获取组织需要的核心人才提供了条件。

竞聘上岗实质上是组织进行人员甄选的一种形式，主要有以下操作流程和关键点。

1. 成立组织内部竞聘上岗专职领导机构

对于任何组织来说，竞聘上岗都会在组织中引起较大的震动，引起员工的广泛关注。因此组织在进行竞聘上岗前，应成立由公司高层领导牵头并引入外部专家组成竞聘上岗专职领导机构。这一机构的职责是制定竞聘上岗的系统性规划并全权处理与竞聘上岗相关的事项：需要注意的是，为确保竞聘上岗的相对公平性，减少员工对公正性和专业性的怀疑，组织可以聘请在业界有影响的专家或专业机构参与整个竞聘过程。

2. 组织对目标职位进行分析

对目标职位的了解是进行竞聘上岗的前提条件，由于是组织内部的竞聘上岗，因此职位分析应着重关注目标职位的任职资格标准。通过职位分析获取职位在基本条件、知识技能、胜任力等方面的要求，并形成书面报告。

3. 持续的内部宣传与引导

由于员工对竞聘上岗持有相对复杂的态度，并可能对竞聘上岗存在错误的理解和看法，因此应在组织内部通过各种形式进行持续不断的宣传与沟通。通过这种方式使员工明确进行竞聘上岗的目的和必要性、竞聘上岗的实施过程、如何参与竞聘上岗，并及时解答员工的相关问题。值得注意的是，实践表明通过外部专家进行集中培训是降低员工对竞聘上岗的抵制程度、增强员工参与竞聘上岗积极性的有效办法。

4. 竞聘上岗辅导

在竞聘上岗前，对全体员工进行公开的辅导和指引能够增强竞聘上岗的效果，提高竞聘水平，提高竞聘过程的规范性，有利于减少因程序性问题导致的竞聘失败。

竞聘上岗辅导可以采用培训课程、发放相关材料等方式进行，主要向员工传达竞聘上岗的基本要求、操作技巧等。为规范竞聘上岗演讲提纲的写作，组织应针对不同的职位发布竞聘提纲写作指导。

5. 候选人资格初审

在召开竞聘大会前，应对报名参与竞聘的候选人进行初步评审筛选。初步评审筛选的标准是目标职位竞聘标准中的"硬性"约束部分，即有关学历、专业资格认证以及职位级别等方面的要求。通过初步评审的候选人应公开发布，对于未通过初审的候选人，组织应向其说明原因。

6. 召开竞聘大会

在初审结果的基础上，召开面向全体员工的竞聘大会，候选人当众宣讲自己的竞聘纲领。

7. 评审小组对候选人竞聘表现进行评价

由公司领导和专业人士组成的评审小组，根据事先确定的标准对候选人进行评价，并对各候选人参与竞聘的表现提交综合分析报告，供公司领导决策。

8. 与目标职位直接上司沟通意见

在正式确定竞聘上岗人员之前，应与目标职位的直接上司进行充分的沟通，避免对将来的工作造成负面影响。

9. 发布竞聘上岗结果

为保证竞聘上岗总体程序的公平性，组织应尽快发布竞聘上岗评价结果，并接受组织成员的质询。在一定的公示期结束后，组织正式发布对相关人员的聘任决定，办理上岗手续。

（四）内部创业

内部创业是指企业为了激活组织活力，通过搭建平台、组织授权、资源整合等一系列的组织手段让员工以一种自组织的形式在平台上实现项目创业，从而实现企业的高效创新和高绩效。20 世纪 90 年代以来，随着数字化技术的发展，在数据平台支撑下，企业通过内部创业这种网状价值创造方式为企业产生源源不断的价值。具有内部创业团队的企业可以更加迅速地通过不断开发新产品，进入新市场或者重塑造新市场，获取细分市场的新价值。内部创业平台有数据支撑、权力下放、灵活交互、平台共享等特点。

三、人力资源退出途径

人力资源退出途径是企业人力资源管理职能的一个重要方面，合理的人员退出途径会对员工产生适当的压力，压力又会产生适当的动力，动力能够促使员工潜能的充分发挥，因此建立人力资源退出途径是人力资源管理水平持续提升的一个重要环节。合理的人才退出途径能够保证员工合理流动、管理者能上能下，营造良好的人力资源管理文化，与此同时，企业的人才退出途径还要充分考虑法律制度以及企业的社会责任。

一般情况下，人员退出主要有三个方面的原因：一是组织的需要。如组织战略调整、业务变动、重组等，在这种情况下，人员的退出途径要考虑人性化的柔性途径，如末位淘汰、待岗培训等。二是员工个人的原因。如员工因为个人原因自动离职，或者严重违纪以及其他相关规定可以辞退的情况。三是国家政策规定。如退休、合同到期不再续签等，以下是目前常用的两种人力资源退出途径。

（一）提前退休

根据国务院颁发的行政性法规的规定，我国现行的法定退休年龄是男性 60 岁、女干部 55 岁、女工人 50 岁。目前国有企业中，有一种常用的人员退出途径就是提前退休，即员工取得一定的经济补偿，提前退出工作岗位，享受退休待遇各个企业的操作办法不同，有的单位叫协议解除劳动合同，有的称买断工龄，即根据协商自愿的原则，职工退出工作岗位，解除与企业的劳动关系，企业根据员工工作年限支付一定的补偿金，随着我国人口老龄化，社会生活的不断完善，政府适时出台渐进式延迟退休年龄、养老金制度改革等应对措施。这使得劳动者的劳动年龄的上限不断增长，提前退休将成为相对的人力资源退出方式。

（二）末位淘汰

末位淘汰是近年来企业引入较多但同时存在较大争议的管理手段，所谓末位淘汰是指企业为满足竞争的需要，通过科学的评价手段，对员工进行合理排序，并在一定的范围内实行奖优罚劣，对排名在后面的员工，以一定的比例予以调岗、降职、降薪或下岗、辞退的行为。其目的是激发在岗者的工作潜力，为企业获得竞争力。

通过末位淘汰，可以在企业内部建立能上能下、相互竞争的工作氛围，最大限度地激发员工的内在潜力，同时组织可以通过末位淘汰优化人力资源存量，保持组织不断有新鲜血液的注入，避免僵化。但目前在中国的实践中出现了较多的负面效应，因此也招致较多的批评。

为了充分利用末位淘汰的积极因素，最大限度地避免它的消极因素，在使用此方式时一般要注意三点：一是在招聘、测评、职位分析、职位评价、绩效考核、薪酬福利、晋升、培训、流动等环节都尽可能地实现公开、公平、公正、量化、科学。二是定期（如半年）进行全员考核，根据绩效表现，将员工分为优秀、合格、试用、内部淘汰（内部下岗）四类，建立企业内部劳务市场（包括为内部下岗的员工专门开辟新的就业领域），如连续两次成为试用员工，必须内部下岗，在企业内部劳务市场培训，提高技能和胜任力后，重新竞争上岗。三是在实施末位淘汰的时候，要采用柔性的手段，尊重劝退员工，并设置好退出和回归机制。这种做法可以使每个员工都能不断地进行自我提升，从而使企业的人才形成良性循环，不断进行自我更新，使企业真正成为学习型组织。

第五章 绩效管理

第一节 绩效管理概述

一、绩效概述

由于绩效管理是基于绩效进行的，因此要对绩效有所了解。在一个组织中，广义的绩效包括两个层次的含义：一是指整个组织的绩效；二是指个人的绩效。此处讨论的主要是后者，即个人的绩效。

（一）绩效的含义

绩效就是指员工在工作过程中所表现出来的与组织目标相关的并且能够被评价的工作结果与行为，理解这个含义，应当把握以下几点。

第一，绩效是基于工作而产生的，与员工的工作过程直接联系在一起，工作之外的行为和结果不属于绩效的范围。

第二，绩效与组织的目标有关，对组织的目标应当有直接的影响作用，例如员工的心情就不属于绩效，因为它与组织的目标没有直接的关系。由于组织的目标最终都会体现在各个职位上，因此与组织目标有关就直接表现为与职位的职责和目标有关。

第三，绩效还应当是表现出来的工作行为和工作结果，没有表现出来的就不是绩效。这一点和招聘录用时的选拔评价是有区别的，选拔评价的重点是可能性，也就是说要评价员工是否能够做出绩效，而绩效考核的重点则是现实性，就是说要评价员工是否做出了绩效。

第四，绩效既包括工作行为也包括工作结果，是二者的综合体，不能偏废。将绩效看作过程和结果的综合体，既强调了企业管理中的结果导向，也强调了过程控制的重要性。

（二）绩效的特点

一般来说，绩效具有以下三个主要的特点。

1．多因性

多因性就是指员工的绩效是受多种因素共同影响的，这里既有员工个体的因素，如知识、能力、价值观等，也有企业环境的因素，如组织的制度、激励机制、工作的设备和场所等。

2．多维性

多维性就是指员工的绩效往往是体现在多个方面的，员工的工作结果和工作行为都属于绩效的范围，例如，一名操作工人的绩效，除了生产产品的数量、质量外，原材料的消耗、出勤情况、与同事的合作、纪律的遵守等都是绩效的表现。因此，对员工的绩效评估必须从多方面进行考察。一般来说，可以从工作业绩、工作能力和工作态度三个维度来评价员工的绩效。当然，不同的维度在整体绩效中的重要性是不同的。

3．动态性

动态性就是指员工的绩效并不是固定不变的，在主客观条件变化的情况下，绩效是会发生变动的。比如说，某个员工的绩效往往会随着时间的推移而不断发生变化，原来较差的业绩有可能好转，或者原来较好的业绩也有可能变差。这种动态性就决定了绩效的时限性，绩效往往是针对某一特定的时期而言的。这实际上解释了为什么绩效评价和绩效管理中存在一个绩效周期的问题。因此，在评估员工的绩效时，应以发展的眼光看待员工的绩效，切忌以主观化的观点看待员工绩效。

二、绩效管理概述

（一）绩效管理的含义

绩效管理就是指制定员工的绩效目标并收集与绩效有关的信息，定期对员工的绩效目标完成情况做出评价和反馈，以确保员工的工作活动和工作产出与组织保持一致，进而保证组织目标完成的管理手段与过程。

在现实中，人们对于绩效管理存在一些片面甚至错误的看法，完整准确地理解绩效管理的含义，需要我们很好地把握绩效管理各方面的内容。

（二）绩效管理的内容

对于绩效管理，人们往往把它视同绩效考核，认为绩效管理就是绩效考核，二者并没有什么区别。其实，绩效考核只是绩效管理的一个组成部分，最多只是一个核心的组成部分而已，代表不了绩效管理的全部。完整意义上的绩效管理是由绩效计划、绩效监控、绩效考核和绩效反馈这四个部分组成的一个系统，如图 5-1 所示。

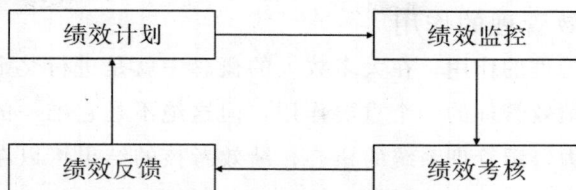

图 5-1 绩效管理系统示意图

1. 绩效计划

绩效计划是整个绩效管理系统的起点，它是指在绩效周期开始时，由上级和员工一起就员工在绩效考核期内的绩效目标、绩效过程和手段等进行讨论并达成一致，当然，绩效计划并不是只有在绩效周期开始时才会进行，实际上它往往会随着绩效周期的推进而不断做出相应的修改。

2. 绩效监控

绩效监控是指在整个绩效期间内，通过上级和员工之间持续的沟通来预防或解决员工实现绩效时可能发生的各种问题的过程。

3. 绩效考核

绩效考核是指确定一定的考核主体，借助一定的考核方法，对员工的工作绩效作出评价。

4. 绩效反馈

绩效反馈是指绩效周期结束时在上级和员工之间进行绩效考核面谈，由上级将考核结果告知员工，指出员工在工作中存在的不足并和员工一起制订绩效改进的计划，绩效反馈的过程在很大程度上决定了组织实现绩效管理目的的程度。

（三）绩效管理的目的

绩效管理的目的主要体现在三个方面：战略、管理与开发。绩效管理能够将员工的努力与组织的战略目标联系在一起，通过提高员工的个人绩效来提高企业整体绩效，从而实现组织战略目标，此为绩效管理的战略目的。通过绩效管理，可以对员工的行为和绩效进行评估，以便适时给予相应的奖惩以激励员工，其评价的结果是企业进行薪酬管理、做出晋升决策以及保留或解雇员工的决定等重要人力资源管理决策的重要依据，此为绩效管理的管理目的。在实施绩效管理的过程中，可以发现员工存在的不足，在此基础上有针对性地进行改进和培训，从而不断提高员工的素质，达到提高绩效的目的，此为绩效管理的开发目的。

（四）绩效管理的作用

关于绩效管理的作用，在大多数人的概念中就是进行奖金的分配，不可否认，这是绩效管理的一个重要作用，但这绝不是它唯一的作用。绩效管理是整个人力资源管理系统的核心，绩效考核的结果可以在人力资源管理的其他各项职能中得到运用；不仅如此，绩效管理还是企业管理的一个重要工具。

（五）绩效管理的责任

绩效管理虽然是人力资源管理的一项职能，但这并不意味着绩效管理就完全是人力资源部门的责任。绩效管理的目的是用来发现员工工作过程中存在的问题和不足，通过对这些问题和不足的改进来改善员工的工作绩效，而对员工工作情况最了解的正是员工所在部门的管理者，因此绩效管理是企业所有管理者的责任，只是大家的分工不同而已。在某种程度上甚至可以说，绩效管理工作水平的高低反映了企业管理水平的高低。

（六）绩效管理的实施

为了达成绩效管理的目的，绩效管理的实施应当贯穿管理者的整个管理过程，在某种意义上，管理者的管理工作其实就是一个绩效管理的过程。绩效管理绝不是在绩效周期结束时对员工的绩效做出评价那么简单，而是要体现在管理者的日常工作中，成为一种经常性的工作，在绩效周期结束时对员工的绩效做出评价只是对这一过程的一个总结。

三、绩效管理的意义

作为人力资源管理的一项核心职能，绩效管理具有非常重要的意义，这主要表现在以下几个方面。

（一）绩效管理有助于提升企业的绩效

企业绩效是以员工个人绩效为基础形成的，有效的绩效管理系统可以改善员工的工作绩效，进而有助于提高企业的整体绩效。目前很多企业纷纷强化员工绩效管理，把它作为增强公司竞争力的重要途径。

（二）绩效管理有助于保证员工行为和企业目标的一致

企业绩效的实现依赖于员工的努力工作，人们对此早已形成共识，但是近年来的研究表明，二者的关系并不像人们想象的那么简单，而是非常复杂的。

在努力程度和公司绩效之间有一个关键的中间变量，即努力方向与企业目标的一致性。如果员工的努力程度比较高，但方向却与企业的目标相反，那么不仅不会增进企业的绩效，相反还会产生负面作用。

保证员工行为与企业目标一致的一个重要途径就是借助绩效管理。由于绩效考核指标对员工的行为具有导向作用，因此通过设定与企业目标一致的考核指标，就可以将员工的行为引导到企业目标上来。例如，企业的目标是提高产品质量，如果设定的考核指标只有数量而没有质量，那么员工就会忽视质量，甚至影响企业目标的实现。

（三）绩效管理有助于提高员工的满意度

提高员工的满意度对于企业来说具有重要的意义，而满意度是和员工需要的满足程度联系在一起的。在基本的生活得到保障以后，按照马斯洛的需求层次理论，每个员工都会内在地具有自我尊重和自我实现需求，绩效管理则从两个方面满足了这种需求，从而有助于提高员工的满意度。首先，通过有效的绩效管理，员工的工作绩效能够不断地改善，这可以提高他们的成就感，从而满足自我实现需要；其次，通过完善的绩效管理，员工不仅可以参与管理过程，还可以得到绩效的反馈信息，这能够使他们感到自己在企业中受到了重视，从而可以满足尊重需要。

（四）绩效管理有助于实现人力资源管理的其他决策的科学合理

绩效管理还可以为人力资源管理的其他职能活动提供准确可靠的信息，从而提高决策的科学化和合理化程度。

第二节　绩效计划

绩效管理的四个环节组成了一个闭合系统，绩效计划便是这个系统的开端，它对于绩效管理的成功与否有重要影响。良好的计划既是对未来工作的一种规划和指导，同时也是对最后结果衡量的一种依据。以下将对绩效计划这一部分进行介绍，具体内容涉及绩效计划的定义、内容、工具等，希望读者能够对绩效计划有一个深入的了解。

一、绩效计划定义

绩效计划是整个绩效管理过程的开始，这一阶段主要是完成制订绩效计划的任务，也就是说通过上级和员工的共同讨论，要确定出员工的绩效考核目标和绩效考核周期。对绩效计划的定义可以从四个方面进行理解：第一，绩效计划是对整个绩效管理过程的工作的指导和规划，是一种前瞻性的思考。第二，绩效计划包含三个部分：员工在考核周期内的绩效目标体系（包括绩效目标、指标和标准）、绩效考核周期；为实现最终目标，员工在绩效考核周期内应从事的工作和采取的措施；对绩效监控、绩效考核和绩效反馈阶段的工作做一个规划和指导。第三，绩效计划必须由员工和管理者双方共同参与，绩效计划中有关员工绩效考核的事项，如绩效目标等，需经双方共同确认。第四，既然是前瞻性思考，就有可能出现无法预料的事情，所以绩效计划应该随着外界环境和企业战略的变化而随时进行调整，不能墨守成规。

二、绩效计划的主要内容

绩效计划的主要内容包括：绩效考核目标体系的构建、绩效考核周期的确定和对绩效管理其他三个环节工作的初步规划。这里仅就绩效考核目标体系的构建和绩效考核周期的确定两部分内容进行阐述。

（一）绩效目标

绩效考核目标或者叫作绩效目标，是对员工在绩效考核期间工作任务和工作要求所做的界定，这是对员工进行绩效考核时的参照系，绩效目标由绩效内容和绩效标准组成。

1. 绩效内容

绩效内容界定了员工的工作任务，也就是说员工在绩效考核期间应当做什么样的事情，它包括绩效项目和绩效指标两个部分。

绩效项目是指绩效的维度，也就是说要从哪些方面来对员工的绩效进行考核，按照前面所讲的绩效的含义，绩效的维度即绩效项目有三个：工作业绩、工作能力和工作态度。

绩效指标是指绩效项目的具体内容。可以理解为对绩效项目的分解和细化，例如，对于某一职位，工作能力这一考核项目就可以细化为分析判断能力、沟通协调能力、组织指挥能力、开拓创新能力、公共关系能力以及决策行动能力这六项具体的指标。

对于工作业绩，设定指标时一般要从数量、质量、成本和时间这四个方面进行考虑；对于工作能力和工作态度，则要具体情况具体对待，根据各个职位不同的工作内容来设定不同的指标。绩效指标的确定有助于保证绩效考核的客观性。确定绩效指标时，应当注意以下几个问题。

（1）绩效指标应当有效

绩效指标应当涵盖员工的全部工作内容，这样才能够准确地评价员工的实际绩效，这包括两个方面的含义：一是指绩效指标不能有缺失，员工的全部工作内容都应当包括在绩效指标中；二是指绩效指标不能有溢出，职责范围以外的工作内容不应当包括在绩效指标中，如图5-2所示。

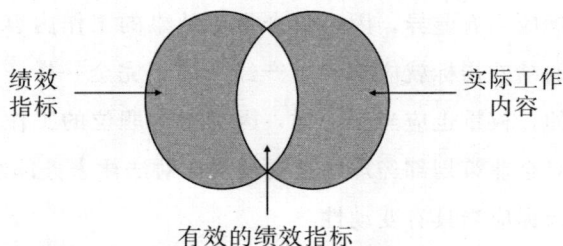

图5-2　有效的绩效指标

由图5-2可以看出，有效的绩效指标是绩效指标和实际工作内容这两个椭圆重叠的部分，左边的阴影表示绩效指标的溢出，右边的阴影表示绩效指标的缺失。这两个椭圆重叠的部分越大，绩效指标的有效性就越高。为了提高绩效指标的有效性，应当依据职位说明书的内容来确定绩效指标。

（2）绩效指标应当具体

指标要明确地指出到底考核什么内容，不能过于笼统，否则考核主体就无法进行考核。例如，在考核教师的工作业绩时，授课情况就是一个不具体的指标，因为授课情况涉及很多方面的内容，如果使用这一指标进行考核，考核主体就会无从下手，应当将它分解成以下几个具体的指标："上课的准时性""讲课内容的逻辑性""讲课方式的生动性"，这样考核时就更有针对性。

（3）绩效指标应当明确

当指标有多种不同的理解时，应当清晰地界定其含义，不能让考核主体产生误解，例如对于工程质量达标率这一指标，就有两种不同的理解：一是指质量合格的工程在已经完工的工程中所占的比率，二是指质量合格的工程在应该完工的工程中所占的比率，这两种理解有很大的差别，因此，应当指明到底是按照哪种含义进行考核。

（4）绩效指标应当具有差异性

这包括两个层次的含义：一是指对于同一个员工来说，各个指标在总体绩效中所占的比重应当有差异，因为不同的指标对员工绩效的贡献不同，例如，对于总经理办公室主任来说，公关能力相对要比计划能力重要。这种差异性是通过各个指标的权重来体现的。二是指对于不同的员工来说，绩效指标应当有差异，因为每个员工从事的工作内容是不同的，例如，销售经理的绩效指标就应当和生产经理的不完全一样。此外，即便有些指标是一样的，权重也应当不一样，因为每个职位的工作重点不同，例如，计划能力对企业策划部经理的重要性就比对法律事务部经理的要大。

（5）绩效指标应当具有变动性

这也包括两个层次的含义：一是指在不同的绩效周期，绩效指标应当随着工作任务的变化而有所变化，例如，企业在下个月没有招聘的计划但是有对新员工培训的计划，那么人力资源经理下个月的业绩指标中就不应当设置有关招聘的指标，而应当增加有关培训的指标。二是指在不同的绩效周期，各个指标的权重也应当根据工作重点的不同而有所区别，职位的工作重点一般是由企业的工作重点决定的，例如，企业在下个月准备重点提高产品的质量，那么在整个绩效指标中，质量指标所占的比重就应当相应地提高，以引起员工对质量的重视。

2. 绩效标准

设定了绩效指标之后，就要确定绩效指标达成的标准。绩效标准是对员工工作要求的进一步明确，也就是说对员工绩效内容做出明确的界定；员工应当怎样来做或者做到什么程度，例如，"产品的合格率达到90%""接到投诉后两天内给客户以满意的答复"等。绩效标准的确定，有助于保证绩效考核的公正性，否则就无法确定员工的绩效到底好还是不好。确定绩效标准时，应当注意以下几个问题。

（1）绩效标准应当明确

按照目标激励理论的解释，目标越明确，对员工的激励效果就越好，因此在确定绩效标准时应当具体清楚，不能含糊不清，这就要求尽可能地使用量化的标准。量化的绩效标准主要有以下三种类型：一是数值型的标准，例如，"销售额为 50 万元""成本平均每个 20 元""投诉的人数不超过 5 人次"等；二是百分比型的标准，例如，"产品合格率为 95％""每次培训的满意率为 90％"等；三是时间型的标准，例如，"接到任务后 3 天内按要求完成""在 1 个工作日内回复应聘者的求职申请"等。绩效标准量化的方式分为两种，一种是以绝对值的方式进行量化。如上面所举的几个例子；另一种是以相对值的方式进行量化，如"销售额提高 10％""成本每个降低 5 元"。这两种方式的本质其实是一样的，只是表现形式不同而已。

这样的绩效标准就非常不明确，"能够迅速地招聘到合适的人员"，到底什么是迅速，一个星期还是两个星期，根本没有说清楚。"招聘成本比较低"，怎样才算低，也没有规定具体。

此外，有些绩效指标不可能量化或者量化的成本比较高，主要是指能力和态度这些工作行为的指标，对于这些指标，明确绩效标准的方式就是给出行为的具体描述，例如，对于谈判能力，就可以给出五个等级的行为描述，从而使这一指标的绩效标准相对比较明确，如表 5-2 所示。

表 5-2　谈判能力的绩效标准

等级	定义
S	谈判能力极强，在与外部组织或个人谈判时，能够非常准确地引用有关的法规，熟练地运用各种谈判的技巧和方法，说服对方完全接受我方的合理条件，为公司争取到最大的利益。
A	谈判能力较强，在与外部组织或个人谈判时，能够比较准确地引用有关的法规，比较熟练地运用各种谈判技巧和方法，能够说服对方基本接受我方的合理条件，为公司争取到一些利益。

等级	定义
B	谈判能力一般，在与外部组织或个人谈判时，基本上能够准确地引用有关的法规，运用一些谈判的技巧和方法，在做出一些让步后能够与对方达成一致意见，没有使公司的利益受到损失。
C	谈判能力较差，在与外部组织或个人谈判时，引用有关的法规时会出现一些失误，运用的谈判技巧和方法比较少，在做出大的让步后才能够与对方达成一致意见，使公司的利益受到一定的损失，有时会出现无法与对方达成一致意见的情况。
D	谈判能力很差，在与外部组织或个人谈判时，引用有关的法规时会出现相当多的失误，基本上不会运用谈判的技巧和方法，经常无法与对方达成一致意见，使公司的利益受到较大损失。

（2）绩效标准应当适度

就是说制定的标准要有一定的难度，但是员工经过努力又是可以实现的，通俗地讲就是"跳一跳可以摘到桃子"。这同样是源于目标激励理论的解释，目标太容易或者太难对员工的激励效果都会大大降低，因此绩效标准的制定应当在员工可以实现的范围内确定。

（3）绩效标准应当可变

这包括两个层次的含义：一是指对于同一个员工来说，在不同的绩效周期，随着外部环境的变化，绩效标准有可能也要变化。例如，对于空调销售员来说，由于销售有淡季和旺季之分，因此在淡季的绩效标准就应当低于旺季。二是指对于不同的员工来说，即使在同样的绩效周期，由于工作环境不同，绩效标准也有可能不同。仍以空调销售员为例，有两个销售员，一个在昆明工作，一个在广州工作，由于昆明的气候原因，人们对空调基本上没有需求，而广州的需求则比较大，因此这两个销售员的绩效标准就应当不同，在广州工作的销售员，其绩效标准应当高于在昆明工作的销售员。

3．绩效目标的 SMART 原则

对于绩效目标的设计要求，一般可以概括为以下五个原则，简称"明智（SMART）原则"。

（1）目标明确具体原则（Specific）

绩效目标必须是具体的，以保证其明确的牵引性。由于每位员工的具体情况不同，绩效目标要明确、具体地体现出管理者对每一位员工的绩效要求。

（2）目标可衡量原则（Measurable）

绩效目标必须是可衡量的，必须有明确的衡量指标。所谓衡量是指员工的实际绩效表现与绩效目标之间可以比较。

（3）目标可达成原则（Attainable）

绩效目标必须是可以达到的，不能因指标的无法达成而使员工产生挫折感，但这并不否定其应具有挑战性。

（4）目标相关原则（Relevant）

绩效目标必须是相关的，它必须与公司的战略目标、部门的任务及职位职责相联系。

（5）目标时间原则（Time-based）

绩效目标必须是以时间为基础的，即必须有明确的时间要求。

（二）绩效考核周期

绩效考核周期也叫作绩效考核期限，是指多长时间对员工进行一次绩效考核。绩效考核需要耗费一定的人力、物力，考核周期过短会增加企业管理成本的开支，但是，绩效考核周期过长又会降低绩效考核的准确性，不利于员工工作绩效的改进，从而影响绩效管理的效果。因此，在准备阶段，还应当确定恰当的绩效考核周期。

绩效考核周期的确定，要考虑到以下几个因素。

1．职位的性质

不同的职位，工作的内容是不同的，因此绩效考核的周期也应当不同。一般来说，职位的工作绩效比较容易考核的，考核周期相对要短一些。例如，工人的考核周期相对就应当比管理人员的要短。职位的工作绩效对企业整体绩效的影响比较大的，考核周期相对要短，这样有助于及时发现问题并加以改进。例如，销售职位的绩效考核周期相对就应当比后勤职位的要短。

2．指标的性质

不同的绩效指标其性质是不同的，考核的周期也应当不同。一般来说，性质稳定的指标，考核周期相对要长一些；相反一考核周期相对就要短一些。例如，员工的工作能力比工作态度相对要稳定一些，因此能力指标的考核周期相对比态度指标要长一些。

3. 标准的性质

在确定考核周期时，还应当考虑到绩效标准的性质，就是说考核周期的时间应当保证员工经过努力能够实现这些标准，这一点其实是和绩效标准的适度性联系在一起的，例如，"销售额为50万元"这一标准，按照经验需要2周左右的时间才能完成，如果将考核周期定为1周，员工根本就无法完成；如果定为4周，又非常容易实现，在这两种情况下，对员工的绩效进行考核都是没有意义的。

三、绩效计划的工具

自20世纪50年代以来，绩效管理逐渐发展成为人力资源管理理论研究的重点，学者先后研究提出了目标管理、关键绩效指标、平衡计分卡、目标与关键成果等工具。其中以关键绩效指标、平衡计分卡和目标与关键成果为基础构建的绩效考核指标体系，一方面能够很好地将组织的战略目标和具体的考核指标相互结合，另一方面也具有较强的可操作性，通过企业的实践获得大家的认可，成为越来越受欢迎的绩效计划工具。

（一）关键绩效指标

随着管理实践的不断发展和成熟，绩效管理也逐渐上升到战略高度，强调对企业战略规划的承接。管理学界探索各种评估方法，将结果导向和行为导向的评估方法的优点相结合，强调工作行为和目标达成并重。在这种背景下，关键绩效指标应运而生。

1. 关键绩效指标的基本内涵

关键绩效指标是衡量企业战略实施效果的系统性关键指标，它是战略目标通过层层分解产生的可操作性的指标体系。其目的是建立一种机制，将企业战略转化为内部过程和活动，不断增强企业的核心竞争力，使企业能够得到持续的发展。根据这一定义，可从以下几个方面深入理解其具体含义。

（1）关键绩效指标是衡量企业战略实施效果的关键的指标体系

这有三个层面的含义：首先，关键绩效指标的功能是用来衡量企业战略实施效果的，是战略导向的。其次，关键绩效指标强调关键，即最能有效影响企业价值创造的关键驱动因素，是对企业成功具有重要影响的方面。最后，关键绩效指标是一套指标体系，包含了所有对企业成功具有重要影响的衡量指标。

（2）关键绩效指标体现的是对组织战略目标有增值作用的绩效指标

关键绩效指标是连接个人绩效和企业战略目标的桥梁，可以引导员工真正做出有利于组织战略目标实现的行为。

（3）关键绩效指标是用于评价和管理员工绩效的可量化的和可行为化的标准体系

关键绩效指标体系是用来对员工的工作行为和工作结果进行衡量的，指标必须是可以量化或可行为化的，否则便无法用来衡量和考核。

2．关键绩效指标体系与传统绩效考核体系的区别

关键绩效指标体系和传统绩效考核体系在很多方面存在差别，具体而言，在前提假设、考核目的、指标来源等方面都有差别，如表5-3所示。

表5-3　关键绩效指标体系与传统绩效考核体系的区别

	基于 KPI 的绩效考核体系	传统绩效考核体系
前提假设	假设人会采取一切必要的行动努力达到事先确认的目标	假定人不会主动采取行动以实现目标；假定不清楚应采取什么行动以实现目标；假定力制定和实施战略与普通员工无关
考核目的	以战略为中心，指标体系的设计与运用都是为组织战略目标的达成服务的	以控制为中心，指标体系的设计与运用都来源于控制的意图，也是为更有效地控制个人的行为服务
指标的产生	在组织内部自上而下对战略目标进行层层分解	通常是自下而上根据个人以往的绩效与目标产生的
指标的来源	基于组织战略目标中要求的各项增值性工作产出	来源于特定的程序，即对过去行为与绩效的修正
指标的构成及作用	通过财务与非财务指标相结合，体现关注短期效益、兼顾长期发展的原则；指标本身不仅传达了结果，也传递了产生结果的过程	以财务指标为主、非财务指标为辅，注重对过去绩效的考核，且指导绩效改进的出发点是过去的绩效存在的问题，绩效改进行动与战略需要脱钩
价值分配体系与战略的关系	与 KPI 的指标值和权重搭配，有助于推动组织战略的实施	与个人绩效密切相关，与组织战略关系不大

3. 基于关键绩效指标的绩效指标体系设计

关键绩效指标体系作为一种系统化的指标体系，包括三个层面的指标：企业级关键绩效指标、部门级关键绩效指标和个人级关键绩效指标。三个层面由上至下，由宏观到微观，层层传递；三个层面由下至上，由微观到宏观，层层支撑，形成一个相互联系的系统。

（1）企业级关键绩效指标体系的确定

关键绩效指标的建立是一项专业的工作，一般需要聘请外部专家进行指导。通过关键成功分析法选择 KPI，有以下四个步骤。

第一步，专家与企业高层领导一起明确企业未来的发展方向和战略目标。基于企业的战略目标，借助鱼骨图法或头脑风暴法分析企业获得成功的关键业务重点，这些业务领域就是公司的关键结果领域，以此确定 KPI 维度；这一步通常需要思考几个问题：企业的成功靠什么？企业未来追求的目标是什么？如图 5-3 所示的是某企业所确定的关键结果领域。

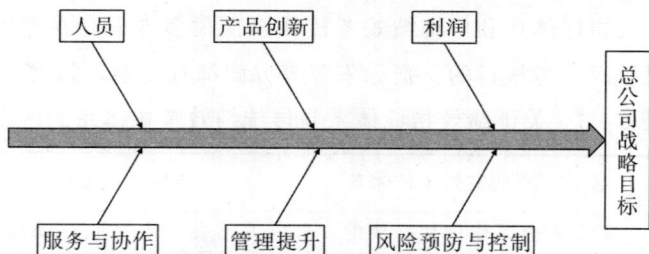

图 5-3　某企业的关键结果领域

第二步，进一步分解，把关键结果领域层层分解为关键绩效要素，即确定 KPI 要素；关键绩效要素是对关键结果领域的细化和描述，主要回答如下几个问题：每个关键成功领域包括哪几个方面的内容？如何保证在该领域获得成功？达成该领域成功的关键措施和手段是什么？达成该领域成功的标准是什么？图 5-4 就是某企业的关键绩效要素（部分）的鱼骨图。

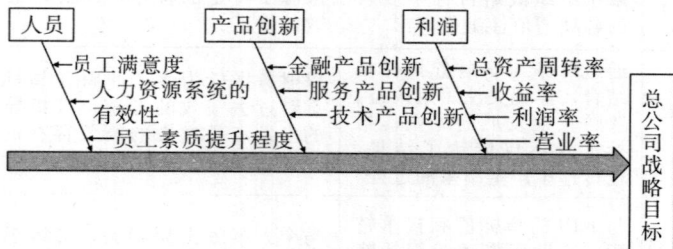

图 5-4　某企业的关键绩效要素（部分）

第三步，为了便于对这些要素进行量化考核，再将这些要素细分为各项指标，即关键绩效指标。但是针对每一要素，都可能有很多指标可以反映其特性，所以要对这些指标进行筛选，选择最终的 KPI 确定关键绩效指标时应遵循 SMART 原则。

第四步，对每项最终选择的关键绩效指标设置评价标准，即在各个指标上应该达到什么样的水平。综合以上各种因素，得出企业级关键绩效指标汇总表，至此一个完善的企业级关键指标体系才算完成。

需要注意的是，公司的关键绩效指标不是一蹴而就的，需要经过试运行，然后收集相关人员的意见，对初步建立的指标体系进行补充、修改、完善，最后确立稳定可行的关键绩效指标体系，另外，指标体系应该与组织的战略目标保持一致，而组织的战略会随着内外环境的变化而变化，所以指标体系也不是一成不变的，应该随着战略的变化而进行调整。

（2）部门级关键绩效指标的确定

得出企业级关键绩效指标以后，部门管理人员应该在专家的指导下，将企业级指标分配或分解到相应的部门，形成部门级关键绩效指标。具体做法是：首先确认企业级指标是否可以直接被部门承担，对于可以承担的就可以直接过渡为部门级指标，对于不能直接承担的，可以按组织结构分解或是按主要流程分解

（3）个人级关键绩效指标的确定

按照相同的办法，将部门级指标进行承担或分解，形成个人关键绩效指标。

需要注意的是，部门级和个人级的关键绩效指标都来源于企业级关键绩效指标，所以部门级和个人级的指标理应随着企业级指标的改变而适时做出调整。

（二）平衡计分卡

哈佛大学教授罗伯特·卡普兰和复兴全球战略集团的创始人兼总裁大卫·诺顿对 12 家公司进行了一项研究，以寻求新的绩效评价方法。在讨论了多种可能的替代方法后，他们决定采用计分卡来建立一套囊括整个组织各方面活动的绩效评价系统，并将这种新的工具命名为"平衡计分卡"。平衡计分卡诞生后，逐渐被各类组织接受并广泛采用。

战略地图是对战略的一个描述框架，它使战略清晰化，并且清楚描述了战略目标和驱动因素之间的因果逻辑联系。平衡计分卡则是对战略的衡量，平衡计分卡将战略地图目标转化为指标和目标值，并为每一目标制定行动方案，通过执行行动方案，战略得以实现。所以，平衡计分卡和战略地图是一脉相承的关系，先用战略地图对公司的战略进行描述，然后利用

平衡计分卡从四个层面对战略进行衡量，正是由于战略地图和平衡计分卡的结合，使得这套工具由绩效衡量工具上升为战略管理工具。

1. 战略地图

"突破性的成果＝描述战略＋衡域战略＋管理战略"，该公式很好地描述了卡普兰和诺顿的管理学思想。战略地图正是对战略的描述，它提供了一种战略可视化的表示方法，使用一张图描述了企业在财务层面、客户层面、内部流程层面和学习与成长层面的战略，并详细阐述了四个层面目标之间的因果联系，关键流程为目标客户创造并传递企业价值主张，促进企业财务层面的生产率目的，同时，还确定了支撑内部关键流程所必不可少的无形资产。图5-5就是一个通用版的战略地图，该战略地图从财务、客户、内部流程、学习与成长四个层面出发，详细描述了企业的战略目标以及各层目标之间的相互关系，总之，战略地图为战略制定和战略执行之间的鸿沟搭起一座桥梁。

当然，企业的战略地图来源于战略，每个企业都应该依据自己的战略制定地图，所以对于采取不同发展战略的企业而言，客户层面的价值主张、内部流程、学习与成长层面都是截然不同的，战略地图也就各不相同。

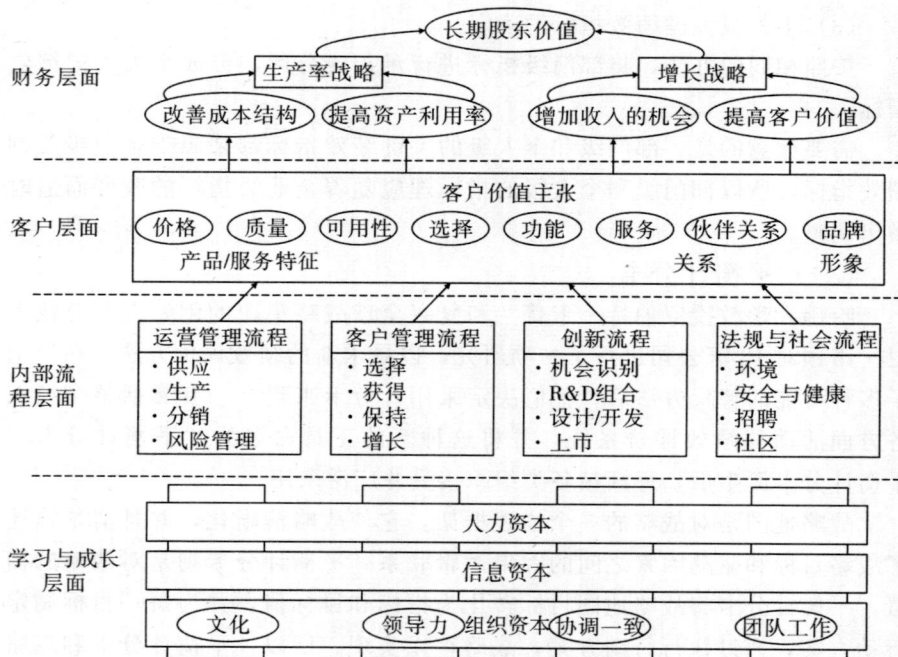

图5-5 战略地图通用模板

2. 平衡计分卡

平衡计分卡以企业的战略和使命为基础，依托于战略地图中所描述的企业战略，对每项战略进行分解，制定衡量指标和目标值，同时配之以达成目标的行动方案，形成一套对战略进行衡量的考核指标体系。平衡计分卡从四个层面来衡量企业的绩效：财务层面、客户层面、内部流程层面和学习与成长层面。这四个层面将财务指标和非财务指标有机结合在一起，打破了以财务指标为核心的传统的绩效管理系统框架。平衡计分卡将企业的战略目标和绩效评价指标紧密联系起来，对员工的行为起着更明确的导向作用，有助于企业战略目标的实现。同时，平衡计分卡实现了财务指标和非财务指标的平衡、组织内外部指标的平衡、前置指标和滞后指标的平衡、长期指标和短期指标的平衡。

（1）财务层面

财务层面衡量公司的财务和利润情况，考察战略的实施和执行能否为最终经营成果的改善做出贡献，财务层面是其他层面的目标和指标的核心。财务层面的最终目标是利润最大化，企业的财务目标通过两种方式实现：收入增长和生产率提高。不同类型的企业在不同的发展时期会有不同的财务目标，但是一般而言，可以将财务目标分成收入增长、生产率提高、成本下降、资产利用、风险管理等主题，企业可以从中选择适当的财务目标。

（2）客户层面

客户层面反映了企业吸引客户、保留客户和提高客户价值方面的能力。企业应该首先确定自己的目标客户和细分市场，然后针对目标客户确定自己的客户价值主张，卡普兰和诺顿提供了四种通用的价值主张，即竞争战略、总成本最低战略、产品领先战略、全面客户解决方案和系统锁定战略。四种战略都有利有弊，企业应该根据自己的战略目标、所处环境等实际情况做出选择。然后针对不同的客户价值主张确定核心指标。可能使用的衡量指标有客户满意度、客户保持率、市场份额等。

（3）内部流程层面

内部流程层面反映了企业内部运营的资源和效率，关注导致企业绩效更好的决策和行动过程，特别是对顾客满意度和股东满意度有重要影响的流程。内部流程可以分为四类：运营管理流程、客户管理流程、创新流程以及法规与社会流程。内部流程是企业改善经营业绩的重点，常见的指标包括产品合格率、生产周期、新产品开发速度、出勤率等。

（4）学习与成长层面

学习与成长层面描述了前三个层面的基础架构，是驱使前三个层面获得成功的内在动力。学习与成长层面关注组织未来的发展潜力，主要有三个来源：人、系统和组织程序。相对于其他层面而言，该层面可以考虑选用的指标有员工的满意度、保留率、战略信息覆盖率、战略目标的一致性等。

平衡计分卡四个层面的指标和目标都来源于组织的使命、愿景和战略，是对使命、愿景、战略的分解、细化和现实支撑。四个层面内部存在层层支撑、层层传递的内在联系，构成了一个紧密联系、有机统一的整体。

（三）目标与关键成果

根据保罗·尼文等的定义，目标与关键成果（OKR）是一套严密的思考框架和持续的纪律要求，旨在确保员工紧密协作，把精力聚焦在能促进组织成长的、可衡量的目标与关键成果上。彼得·德鲁克提出了"目标管理"，希望通过目标管理促进组织内跨部门协作和激发个人创新，确保组织内所有员工与公司整体目标保持一致。

OKR对于组织来说，虽然需要投入一定的人力、时间和资源，但是OKR也能给组织带来明显的收益，具体包括：带来财务业绩的提升；OKR易于理解，能增强员工的接受度和使用意愿；OKR的实施比较简单，能提升组织的敏捷性和快速应对变化的能力；OKR能让组织把整个组织、员工的精力聚焦在最重要的事情上；OKR能通过公开透明促进跨部门间的横向一致性；OKR能促进沟通并提升员工敬业度；OKR能促进前瞻性思考。

目标与关键成果包括两个核心要素：一是目标。目标是对驱动组织朝期望方向前进的定性追求的描述。目标主要回答的问题是"我们想做什么"。二是关键成果。它是用于衡量特定目标达成情况的定量描述，主要回答的问题是我们如何知道自己是否达到了目标的要求。

OKR要求创建的目标一般是一个宏伟目标，对目标的具体要求有：鼓舞人心；可达到；以季度为周期；在团队可控范围之内；有商业价值；定性。鼓舞人心是指目标应该具备鼓舞人心的力量，激发员工去达成更高的绩效。可达到是指目标一定是员工通过努力之后就能够实现，这就要求在鼓舞人心和可达到之间找到平衡点。以季度为周期是 OKR 的一个特殊要求，一般要求周期相对较短，而以季度为单位是一个不错的选择。在团队可控范围之内是指目标虽然需要与相关部门的保持一致，但是也一定要在团队的控制范围之内。如果团队完全不能控制目标的实现情况，目标就会失去存在的价值。有商业价值是指目标一定要最终服务于整个组织的商业目标，为整个组织商业目标的实现贡献价值。定性是指目标应该以文字的方式，而不是数字的方式来表述。另外，制定的目标应该尽可能用正向的语言去描述；应该以动词开始；使用通俗易懂的语言，并及时澄清员工的疑问。

好的关键成果应该具备的特征有：定量的；有挑战性的；具体的；自主制定的；能不断取得进展的；上下左右对齐一致；驱动正确的行为表现。定量是指关键成果应该可以用数字衡量，关键成果可以是原始数据、成本与收益、比例或者任何其他定量描述。有挑战性是指关键成果必有一定的难度，必须努力之后才能够实现，这样才能激发团队成员的工作激情。具体是指目标对所有相关人员来说都应该是明确、清晰的。自主制定是指关键成果应该由被管理者自主制定，再与管理者经过沟通达成一致意见，不应该是管理者单方面制定。能不断取得进展是指关键成果每隔一段时间就应该能有新的进展，能让相关人员看到变化。上下左右对齐是指部门或者员工的关键成果应该与上级部门、下属、相关部门的关键成果保持一致（如图 5-6 所示）。驱动正确的行为表现是指关键成果应该是强化组织所需要的行为表现，不应该出现强化的行为表现与组织需要的行为表现不一致，甚至背道而驰的情况。

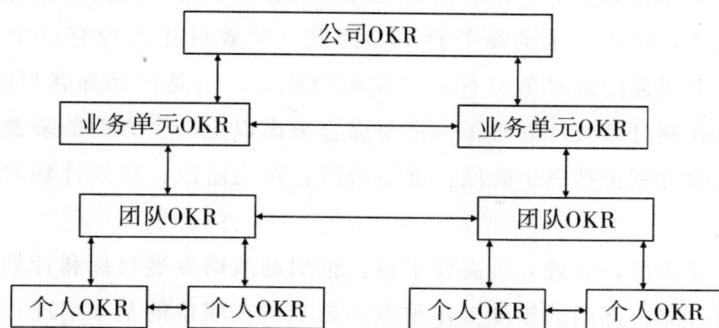

图 5-6 OKR 的对齐过程

OKR 可以只在公司层面实施，可以同时在公司层面、业务单元层面、团队层面开展，也可以在整个组织（包括公司层面、业务单元层面、团队层面与员工层面）实施。虽然在整个组织实施是企业引进 OKR 的终极目标，但是早期刚引入时最好先在业务单元层面或团队层面试点，摸索出一条成熟的道路后再在整个组织实施推广。不管在哪个层面实施 OKR，都应该得到高层领导的支持；能想清楚为什么要引进 OKR，确保 OKR 是符合组织需求的工具；应该与整个组织的使命、核心价值观、愿景与战略保持一致；对相关人员进行 OKR 的培训，确保他们认识到了 OKR 的价值与意义，并掌握 OKR 的精髓。

OKR 的制定流程可以分为五步：创建；优化；对齐；定稿；发布。创建阶段最好能够以小团队的方式，起草最好的目标与关键成果，目标不宜太多，以 3～5 个比较合适，每个目标可以有 2～4 个关键成果，优化是指将创建的 OKR 初稿提交给整个团队，团队通过讨论对最初的 OKR 进行优化，确定 OKR 初稿。对齐是指将 OKR 初稿放在一个更大的范围内讨论，看与相关部门、团队或个体的 OKR 是否能够一致并互相支撑。前面三步如果能得到最终大家都能认同的结果，就可以定稿；如果发现有问题，则需要回到前面的步骤，进行相应的修订，直至最终定稿。定稿后的 OKR 则可以通过组织的相关渠道进行发布，让相关人员了解最终的 OKR。

四、绩效计划的基本过程

在制订计划时，管理人员需要根据上一级部门的目标，并围绕本部门的职责、业务重点以及客户（包括内部各个部门）对本部门的需求来制定本部门的工作目标。然后，根据员工所在职位的职责，将部门目标分解到具体责任人，形成员工的绩效计划。因此，绩效目标大致有三个主要来源：一是上级部门的绩效目标；二是职位职责；三是内外部客户的需求。管理人员在制订绩效计划时，一定要综合考虑以上三个方面的来源。一般来说，绩效计划包括三个阶段：准备阶段；沟通阶段；绩效计划的审定与确认阶段。

在准备阶段，管理人员需要了解：组织的战略发展目标和计划；企业年度经营计划；部门的年度工作重点；员工所在职位的基本情况；员工上一绩效周期的绩效考核结果等信息。同时，管理人员还需要决定采用什么样的方式来进行绩效计划的沟通。

在沟通阶段，管理人员与员工主要通过对环境的界定、能力的分析，确定有效的目标，制订绩效计划，并就资源分配、权限、协调等可能遇到的问题进行讨论。一般情况下，绩效计划沟通时应该至少回答四个问题：该完成什么工作？按照什么样的程序完成工作？何时完成工作？需要哪些资源与支持？

在绩效计划的审定与确认阶段，管理人员需要与员工进一步确认绩效计划，形成书面的绩效合同，并且管理人员和员工都需要在该文档上签字确认。需要补充的是，在实际工作中，绩效计划一经订立并不是不可改变，环境总是在不断发生变化，在计划的实施过程中往往需要根据实际情况及时对绩效计划进行调整。

绩效计划的结果是绩效合同，所以很多管理人员过分关注最终是否能完成绩效合同。实际上，最终的绩效合同很重要，制订绩效计划的过程也非常重要。在制订绩效计划的过程中，管理人员必须认识到，绩效计划是一个双向的沟通过程，一方面，管理人员需要向员工沟通部门对员工的期望与要求；另一方面，员工也需要向管理人员沟通自己的认识、疑惑、可能遇到的问题及重要的资源等。而且，在制订绩效计划的过程中，员工的参与和承诺也是至关重要的因素。因为按照目标激励理论的解释，只有当员工承认并接受某一目标时，这一目标实现的可能性才比较大。通过员工的参与，员工对绩效目标的承诺与接受程度就会比较高，从而有助于绩效目标的实现。

第三节　绩效监控

管理者和员工经过沟通达成一致的绩效目标之后，还需要不断地对员工的工作表现和工作行为进行监督管理，监控过程中的绩效才能帮助员工获得最终的优秀绩效。在整个绩效监控期内，管理者采用恰当的领导风格，积极指导下属工作，与下属进行持续的绩效沟通，预防或解决实现绩效时可能发生的各种问题，以期更好地完成绩效计划，这个过程就是绩效监控，也称为绩效跟进。在绩效监控阶段，管理人员需要选择自己的领导风格；与员工持续沟通；辅导与咨询；收集绩效信息等，这几个方面也是决定绩效监控过程中的监管是否有效、跟进是否成功的关键点。

一、领导风格

在绩效监控阶段，领导者要选择恰当的领导风格，指导下属的工作、与下属进行沟通在这一过程中，管理者处于极为重要的地位，管理者的行为方式和处事风格会极大地影响下属工作的状态，这要求管理者能够在适当的时候采取适当的管理风格涉及领导风格的权变理论主要有领导情景理论、路径—目标理论、领导者—成员交换理论等。

领导情景理论是由保罗·赫塞和肯·布兰查德于 1969 年开发的，该理论获得了广泛认可。领导情景理论认为领导的成功来自选择正确的领导风格，而领导风格的有效与否还与下属的成熟度相关。所谓下属的成熟度是指员工完成某项具体任务所具备的能力和意愿程度。针对领导风格，赫塞和布兰查德根据任务行为和关系行为两个维度将其划分为四种不同的领导风格，分别是：指示型（高任务低关系）、推销型（高任务高关系）、参与型（低任务高关系）、授权型（低任务低关系），针对下属的成熟度，作者根据能力和意愿两有意愿。

随着下属成熟度的变化，管理者的管理风格也应该相应地做出调整。当下属对于完成某项任务既没有能力又不情愿时，管理者需要给他们明确的指示行为，告知他们该如何去做，当下属不具备能力但却愿意从事该工作时，上级应表现出高任务高关系的推销风格；当下属具备相应的能力但工作意愿不高时，上级表现出高关系低任务的参与风格最为有效；当下属既有能力又有意愿的时候，管理者则不需要做太多的事情，只要授权即可。

二、与员工持续沟通

前面已经指出，绩效管理的根本目的是要通过改善员工的绩效来提高企业的整体绩效，只有每个员工都实现了各自的绩效目标，企业的整体目标才能实现，因此在确定完绩效目标后，管理者还应当保持与员工的沟通，帮助员工实现这一目标。

在绩效监控的过程中，管理人员与员工需要进行持续的沟通，具体内容包括：通过持续沟通对绩效计划进行调整；通过持续沟通向员工提供进一步的信息，为员工绩效计划的完成奠定基础；通过持续沟通，让管理人员了解相关信息，以便日后对员工的绩效进行客观的评估，同时也在绩效计划执行发生偏差的时候及时了解相关信息，并采取相应的调整措施。

在沟通时，管理人员应该重点关注的内容有：工作的进展情况如何，是否在正确的轨道上；哪些工作进行得好，哪些工作遇到了困难与障碍；需要对工作进行哪些调整；员工还需要哪些资源与支持；等等。员工应该重点关注的内容有：工作进展是否达到了管理人员的要求，方向是否与管理人员的期望一致；是否需要对自身绩效计划进行调整；管理人员需要从我这里获得哪些信息；我还需要哪些资源与支持；等等。

一般来说，管理人员与员工的持续沟通可以通过正式的沟通与非正式的沟通来完成。正式的沟通有：书面报告，如工作日志、周报、月报、季报、年报等；会议；正式面谈。非正式的沟通方式多种多样，常用的非正式沟通方式有：走动式管理；开放式办公室；休息时间的沟通；非正式的会议。与正式的沟通相比，非正式的沟通更容易让员工开放地表达自己的想法，沟通的氛围也更加宽松。作为管理人员，应该充分利用各种非正式沟通机会。

三、辅导与咨询

（一）辅导

辅导是一个改善个体知识、技能和态度的技术。辅导的主要目的包括三个方面：第一，及时帮助员工了解自己的工作进展，确定哪些工作需要改善，需要学习哪些知识和掌握哪些技能。第二，在必要时，指导员工完成特定的工作任务。第三，使工作过程变成一个学习过程。"好"的辅导具有这样一些特征：辅导是一个学习过程，而不是一个教育过程；管理者应对学习过程给予支持；反馈应该具体、及时并集中在好的工作表现上。

进行辅导的具体过程包括七个方面：第一，确定员工胜任工作所需要学习的知识、技能，提供持续发展的机会，掌握可迁移的技能。第二，确保员工理解和接受学习需要。第三，与该员工讨论应该学习的内容和最好的学习方法。第四，让员工知道如何管理自己的学习，并确定在哪个环节上需要帮助。第五，鼓励员工完成自我学习计划。第六，在员工需要时，提供具体指导。第七，就如何监控和回顾员工的进步达成一致。

（二）咨询

有效的咨询是绩效管理的一个重要组成，部分在绩效管理实践中，咨询的主要目的是：当员工没能达到预期的绩效标准时，管理者借助咨询来帮助员工克服工作过程中遇到的障碍。在进行咨询时，应该做到的步骤包括五个方面：第一，咨询应该是及时的，也就是说，问题出现后立即进行咨询。第二，咨询前应做好计划，咨询应在安静、舒适的环境中进行。第三，咨询是双向的交流。管理者应该做"积极的倾听者"。这样能使员工感到咨询是开放的，并鼓励员工多发表自己的看法。第四，不要只集中在消极的问题上。谈到好的绩效时应说出事实依据，对不好的绩效应给予具体的改进建议。第五，要共同制订改进绩效的具体行动计划。

咨询过程包括三个主要阶段：确定和理解，即确定和理解所存在的问题。授权，即帮助员工确定自己的问题、鼓励他们表达这些问题、思考解决问题的方法并采取行动。包括确定员工可能需要的其他帮助。提供资源，即驾驭问题。

四、收集绩效信息

在绩效监控阶段，还很有必要对员工的绩效表现做一些观察和记录，收集必要的信息。这些记录和收集到的信息的主要作用体现在两个方面：为绩效考核提供客观的事实依据。有了这些信息，在下一阶段对员工绩效进行考核就有了事实依据，有助于对员工的绩效进行更客观的评价。为绩效改善提供具体事例。进行绩效考核的一个目的就是不断提升员工的能力水平，通过绩效考核可以发现员工还有哪些需要进一步提升的地方，而这些收集到的信息则可以作为具体事例，用来向员工说明为什么他们还需要进一步改进与提升。

在绩效监控阶段，管理人员需要收集的信息有：能证明目标完成情况的信息；能证明绩效水平的信息；关键事件。收集绩效信息常用的方法有：观察法、工作记录法、他人反馈法。观察法是指管理人员直接观察员工在工作中的表现，并如实记录。工作记录法是指员工的某些工作目标完成情况是可以通过工作记录体现出来的，如销售额、废品数量等。他人反馈法是指从员工的服务对象或者在工作中与员工有交往的人那里获取信息。如，客户满意度调查就是通过这种方法获取信息的典型方法。不管采用哪种方法收集信息，管理人员都要做到客观，如实地记录具体事实，不应收集对事实的推测。

<h1 style="text-align:center">第四节 绩效考核</h1>

一、绩效考核过程中的关键点

绩效考核是一项系统工程，其中包括多项工作，只有每一项工作都落实到位，考核工作才能有实效。具体而言，主要包括考核对象的确定、考核内容的确定、考核主体的确定、考核方法的选择。

（一）考核对象的确定

正如前文所说，在企业中，考核对象一般包括组织、部门和员工三个层面。针对不同的对象，考核内容也会有所不同。绩效计划阶段所提到的两种绩效考核工具——平衡计分卡和关键绩效指标，很好地将三个层面的绩效考核指标结合起来。一般来说，企业在绩效管理过程中，应该优先考虑组织层面的考核，然后关注部门层面的考核，最后再关注员工层面的考核。

（二）考核内容的确定

根据绩效考核的定义可以发现，考核主要针对三部分内容：工作能力、工作态度和工作业绩。所以，考核的内容理应包括工作能力、工作态度和工作业绩。其中，工作能力和工作态度主要是通过胜任素质来考核，这里着重介绍一下对工作业绩的考核。

所谓工作业绩也就是员工的直接工作结果。结果在某种程度上体现了员工的工作能力和工作态度，对员工的工作业绩进行评价，可以直观地说明员工工作完成的情况，更重要的是，工作业绩可以作为一种信号和依据，揭示员工可能存在的需要提高和改进的地方。一般而言，可以从数量、质量和效率三个方面衡量员工的业绩。但是不同类型工作的业绩体现也有不同，例如，销售人员和办公室工作人员的业绩就不能用同一套指标和标准衡量，所以一定要针对不同的岗位设计合理的考核指标体系，这样才能科学、有效地对员工的业绩进行衡量。尽可能量化要考核的业绩方面，对于实在不能量化的方面，也要建立统一的标准，尽可能客观。

（三）考核主体的确定

考核主体是指对员工的绩效进行考核的人员。由于企业中岗位的复杂性，仅凭借一个人的观察和评价很难对员工做出全面的绩效考核。为了确保考核的全面性、有效性，在实施考核的过程中，应该从不同岗位、不同层次抽出相关人员组成考核主体并参与到具体的考核中来。

考核主体一般包括五类成员：上级、同事、下级、员工本人和客户，如图 5-7 所示。

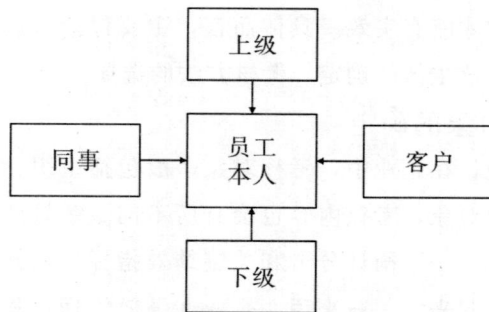

图 5-7　考核主体示意图

1. 上级

上级是最主要的考核主体。由于上级对员工有直接的管理责任，因此他们通常最了解员工的工作情况。此外，用上级作为考核主体还有助于实现管理的目的，保证管理的权威。上级考核的缺点在于上级领导往往没有足够的时间来全面观察员工的工作情况，考核信息来源单一；容易受到领导个人的作风、态度以及对下属员工的偏好等因素的影响，可能产生个人偏见。

2. 同事

由于同事和被考核者在一起工作，因此他们对员工的工作情况也比较了解；同事一般不止一人，可以对员工进行全方位的考核，避免个人的偏见。此外，还有助于促使员工在工作中与同事配合。同事考核的缺点在于人际关系的因素会影响考核的公正性，和自己关系好的就给高分，不好的就给低分；大家有可能协商一致，相互给高分；还有就是可能造成相互间猜疑，影响同事关系。

3．下级

用下级作为考核主体，可以促使上级关心下级的工作，建立融洽的员工关系；由于下级是被管理的对象，因此最了解上级的领导管理能力，能够发现上级在这方面存在的问题。下级考核的缺点在于由于顾及上级的反应，往往不敢真实地反映情况；有可能削弱上级的管理权威，造成上级对下级的迁就。

4．员工本人

用员工本人作为考核主体进行自我考核，能够增加员工的参与感，加强自我开发意识和自我约束意识；有助于员工对考核结果的接受。员工本人考核的缺点在于员工对自己的评价往往偏高；当自我考核和其他主体考核的结果差异较大时，容易引起矛盾。

5．客户

客户考核就是由员工服务的对象来对他们的绩效进行考核，这里的客户不仅包括外部客户，还包括内部客户。客户考核有助于员工更加关注自己的工作结果，提高工作的质量。客户考核的缺点在于客户更侧重于员工的工作结果，不利于对员工进行全面的评价；有些职位的客户比较难以确定，不适合使用这种方法。

由于不同的考核主体收集考核信息的来源不同，对员工绩效的看法也会不同，为了保证绩效考核的客观公正，应当根据考核指标的性质来选择考核主体，选择的考核主体应当是对考核指标最为了解的，例如，"协作性"由同事进行考核，"培养下属的能力"由下级进行考核，"服务的及时性"由客户进行考核等。由于每个职位的绩效目标都由一系列的指标组成，不同的指标又由不同的主体来进行考核，因此每个职位的评级主体都有多个。此外，当不同的考核主体对某一个指标都比较了解时，这些主体都应当对这一指标做出考核，以尽可能地消除考核的片面性。

（四）考核方法的选择

实践中，进行绩效考核的方法有很多。这些方法可以大致归结为三类：一是比较法；二是量表法；三是描述法。各种方法都有自己的优缺点，企业在进行考核时应当根据具体情况选择合适的考核方法，如表5-4所示。

表 5-4 绩效考核方法

	方法	主要特点
比较法	· 个体排序法 · 配对比较法 · 人物比较法 · 强制比例法	· 简单、易操作 · 适用于作为奖惩的依据 · 无法提供有效的反馈信息 · 无法对不同部门之间的员工进行比较
量表法	· 评级量表法 · 行为锚定评价法 · 行为观察量表法 · 混合标准测评法	· 具有客观的标准，可以在不同的部门之间进行考核结果的横向比较；具有具体的考核指标，可以确切地知道员工到底在哪些方面存在不足和问题，有助于改进员工的绩效，为人力资源管理的其他职能提供科学的指导 · 问题是，开发量表的成本比较高，需要制定合理的指标和标准
描述法	· 业绩记录法 · 能力记录法 · 态度记录法 · 综合记录法	· 提供了对员工进行考核和反馈的事实依据 · 一般只作为其他考核方法的辅助方法使用

1. 比较法

比较法是一种相对考核的方法，通过员工之间的相互比较从而得出考核结果。这类方法比较简单而且容易操作，可以避免宽大化、严格化和中心化倾向的误区，适用于作为奖惩的依据。但是，这种方法对实现绩效管理的目的，发挥绩效管理的作用帮助却不大，不能提供有效的反馈信息，因为这类方法不是对员工的具体业绩、能力和态度进行考核，只是靠一种整体的印象来得出考核结果；还有就是无法对不同部门的员工做比较。比较法主要有以下几种。

（1）个体排序法

这种方法也叫排队法，就是把员工按照从好到坏的顺序进行排列。该方法适用于人员比较少的组织。

（2）配对比较法

顾名思义，这种方法就是把每一位员工与其他员工一一配对，分别进行比较；每一次比较时，给表现好的员工记"＋"，另一个员工记"－"。所有员工都比较完后，计算每个人的个数，依此对员工做出考核，谁的"＋"多，谁的名次就排在前面。

（3）人物比较法

人物比较法就是在考核之前，先选出一位员工，以他的各方面表现为标准，对其他员工进行考核。

（4）强制比例法

这种方法指首先确定出绩效考核结果的等级，然后按照正态分布的原理确定出各个等级的比例，最后按照这个比例，根据员工的表现将他们归入不同的等级中。

2. 量表法

量表法就是指将绩效考核的指标和标准制作成量表，依此来对员工的绩效进行考核。这是最为常用的一类方法，它的好处是：因为有了客观的标准，因此可以在不同的部门之间进行考核结果的横向比较；由于有了具体的考核指标，因此可以确切地知道员工到底在哪些方面存在不足和问题，有助于改进员工的绩效，为人力资源管理的其他职能提供科学的指导。这种方法的问题是，开发量表的成本比较高，需要制定出合理的指标和标准，这样才能保证考核的有效性。量表法主要有以下几种。

（1）评级量表法

这种方法指在量表中列出需要考核的绩效指标，将每个指标的标准区分成不同的等级，每个等级都对应一个分数。考核时考核主体根据员工的表现，给每个指标选择一个等级，汇总所有等级的分数，就可以得出员工的考核结果。

（2）行为锚定评价法

行为锚定评价法是由学者帕特丽夏·史密斯和洛恩·肯德尔提出的一种考核方法。这种方法利用特定行为锚定量表上不同的点的图形测评方法，在传统的评级量表法的基础上演变而来，是评级量表法与关键事件技术的结合。在这种考核方法中，每一水平的绩效均用某一标准行为来加以界定。

建立行为锚定评价法，通常需要经过以下五个步骤。

①确定关键事件。由一组对工作内容较为了解的人（员工本人或其直接上级）找出些代表各个等级绩效的关键事件。

②初步建立绩效考核要素。将确定的关键事件合并为几个（通常是5~10个）绩效要素，并给出绩效要素的定义。

③重新分配关键事件，确定相应的绩效考核要素。向另外一组同样熟悉工作内容的人展示确定的考核要素和所有的关键事件，要求他们对关键事件

进行重新排列，将这些关键事件分别归入他们认为合适的绩效要素中。如果第二组中一定比例的人（通常是 50%～80%）将某一关键事件归入的考核要素与前一组相同，就能够确认这一关键事件应归入的考核要素。

④确定各关键事件的考核等级。后一组的人评定各关键事件的等级（一般是七分或九分的尺度，可能是连续尺度，也可能是非连续尺度），就确定了每个考核要素的"锚定物"。

（3）行为观察量表法

行为观察量表法指在考核各个具体的项目时给出一系列有关的有效行为，考核者通过指出员工表现出各种行为的频率来评价他的工作绩效。例如，将一个五分量表分为"几乎没有"到"几乎总是"五个等级，通过将员工在每一种行为上的得分相加得到各个考核项目的得分，最后根据各个项目的权重得出员工的总得分。

由于行为观察法能够将企业发展战略和它所期望的行为结合起来，因此能够向员工提供有效的信息反馈，指导员工如何得到高的绩效评分。管理人员也可以利用量表中的信息有效地监控员工的行为，并使用具体的行为描述提供绩效反馈。此外，这种方法使用起来十分简便，员工参与性强，容易接受。

（4）混合标准测评法

这种考核方法包含许多组概念上相容的描述句（通常是 3 个一组），用来描述同一考核项目的高、中、低三个层次。这些描述句在测评量表中是随机排列的，考核者只需指出被考核者的表现是"好于""相当于"还是"劣于"描述句中所叙述的行为即可。

这个方法的好处是可以鉴别出那些没有逻辑性的评估者。除此之外，混合标准测评法还具有其他一些优点。例如，可以减少某些诸如晕轮误差、过宽或过严误差之类的评估误差，容易操作等。当然，像其他方法一样，混合标准测评法也难免存在一些缺点，如测评过程中容易受评估者的主观影响，评估结果与组织战略的一致性不强等。

3. 描述法

描述法是指考核主体用叙述性的文字来描述员工在工作业绩、工作能力、工作态度方面的优缺点、需要加以指导的事项和关键事件等，由此得到对员工的综合考核。通常，这种方法是作为其他考核方法的辅助方法来使用的，因为它提供了对员工进行考核和反馈的事实依据。根据记录事实的不同，描述法可以分为业绩记录法、能力记录法、态度记录法和综合记录法，这里我们选取综合记录法中最具代表性的一种方法关键事件记录法来进行具体的解释。

关键事件记录考核法就是通过观察记录下员工完成工作时特别有效和特别无效的行为，依此对员工进行考核评价。

三、绩效考核中的误区

由于绩效考核是一种人对人的评价，在这一过程中往往会出现一些错误或者不当的行为，从而影响到考核的效果。为了避免这些错误，我们首先应当知道这些错误是什么。绩效考核中容易产生的误区一般有以下几种（如图5-8所示）。

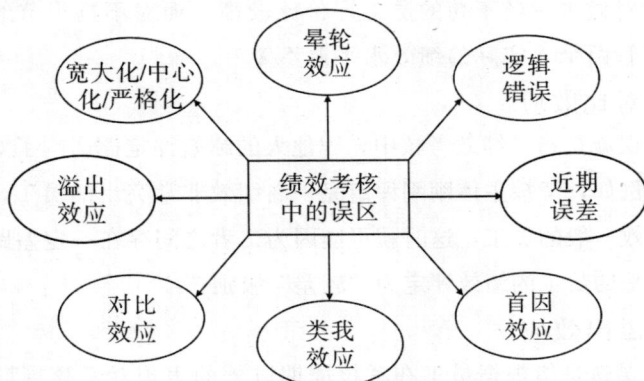

图5-8　绩效考核中的误区

（一）晕轮效应

这种错误就是指以员工某一方面的特征为基础对总体做出评价，通俗地讲就是"一好遮百丑"。一个简单的例子，大家可能都有这样的经历，在学校时，学习成绩好的学生总是能够当选"三好"学生，尽管有些人在"德"和"体"方面并不符合要求，这就是晕轮效应造成的结果。

（二）逻辑错误

这种错误是指考核主体使用简单的逻辑推理而不是根据客观情况来对员工进行评价。例如，按照"口头表达能力强，公共关系能力就强"这种逻辑，根据员工的口头表达能力来对公共关系能力做出评价。

（三）近期误差

这种错误是指以员工在近期的表现为根据对整个绩效考核周期的表现做出评价，例如，考核周期为半年，员工只是在最近几周总提前上班，以前总是迟到，考核主体就根据最近的表现将员工的出勤情况评为优秀。

（四）首因效应

这种错误和近期误差正好相反，是指考核主体根据员工起初的表现对整个绩效考核周期的表现做出评价，例如，员工在考核周期开始时非常努力地工作，绩效也非常好，即使他后来的绩效并不怎么好，上级还是根据开始时的表现对他在整个考核周期的绩效做出了较高的评价。

（五）类我效应

这种错误就是指考核主体将员工和自己进行对比，与自己相似的就给予较高的评价，与自己不同的就给予较低的评价。例如，一个作风比较严谨的上级，对做事一丝不苟的员工评价比较高，而对不拘小节的员工评价比较低，尽管两个人实际的绩效水平差不多。

（六）对比效应

这种错误就是指在绩效考核中，因他人的绩效评定而影响了对某员工的绩效评价。例如，考核主体刚刚评定完一名绩效非常突出的员工，紧接着评价另一位绩效一般的员工，这时就可能因为二者之间存在一定差距而将本来属于中等水平的员工的绩效评定为"较差"级别。

（七）溢出效应

这种错误就是指根据员工在考核周期以外的表现对考核周期内的表现做出评价。例如，生产线上的工人在考核周期开始前出了一次事故，在考核周期内他并没有出现问题，但是由于上次事故的影响，上级对他的绩效评级还是比较低。

（八）宽大化倾向

这种错误就是指考核主体放宽考核的标准，给所有员工的考核成绩都比较高。与此类似的错误还有严格化倾向和中心化倾向，前者指掌握的标准过严，给员工的考核成绩比较低；后者指对员工的考核成绩比较集中，既不过高，也不过低。

为了减少甚至避免这些错误或者不当的行为，应当采取的措施有四点：第一，建立完善的绩效目标体系，绩效考核指标和绩效考核标准应当具体、明确。第二，选择恰当的考核主体，考核主体应当对员工在考核指标上的表现最为了解，这两个问题在前面已经做过详细的阐述。第三，选择合适的考核方法，例如强制分布法和排序法就可以避免宽大化、严格化和中心化倾向。第四，对考核主体进行培训，考核开始前要对考核主体进行培训，指出这些可能存在的误区，从而使他们在考核过程中能够有意识地避免这些误区。

第五节　绩效反馈

实施阶段结束以后，接着就是反馈阶段，这一阶段主要是完成绩效反馈的任务，就是说上级要就绩效考核的结果和员工进行面对面的沟通，指出员工在绩效考核期间存在的问题并一起制订绩效改进的计划。为了保证绩效的改进，还要对绩效改进计划的执行效果进行跟踪。此外，还需要根据绩效考核的结果对员工进行相应的奖惩。所以，绩效反馈并不仅仅是如字面意思那样，将绩效考核的结果反馈给员工，更重要的是与上级和员工共同探讨绩效不佳的原因，并制订绩效改进计划，以提升绩效。同时，在绩效考核结果出来以后，企业还需要利用考核结果进行相应的奖惩和人事决策的制定。综合来说，这个过程涉及两个方面的内容：绩效反馈、绩效考核结果的运用；绩效考核结果的运用又包括两方面的内容：绩效改进和相关人事决策的制定。

一、绩效反馈

（一）反馈面谈的准备工作

为了确保绩效反馈面谈达到预期的目的，管理者和员工双方都需要做好充分的准备工作。对于管理者来说，应做好以下几个方面的准备。

1. 选择适当的面谈主持者

面谈主持者应该由人力资源部门或高层管理人员组成，而且最好能够选择那些参加过绩效面谈培训、掌握相关技巧的高层管理人员作为面谈主持者，因为他们在企业中处于关键位置，能够代表企业组织的整体利益，而且可以适应员工吐露心声的需要，从而有助于提高面谈的质量和效果。

2．选择适当的面谈时间和地点

由于面谈主要是针对员工绩效结果进行的，所以一般情况下，选择在员工的绩效考核结束后，在得出了明确的考核结果且准备较充分的情况下及时进行面谈，时机最佳。

具体的面谈地点，可以根据情况需要灵活地掌握。可以选择在管理者的办公室、会议室或者类似咖啡厅之类的休闲场所，等等。当然，在面谈过程中营造良好的面谈氛围也是重要的，如尽量避免面谈中电话、访客等的影响。

3．熟悉被面谈者的相关资料

面谈之前，面谈者应该充分了解被面谈员工的各方面情况，包括教育背景、家庭环境、工作经历、性格特点以及职务和业绩情况等。

4．计划好面谈的程序和进度

面谈者事先要将面谈的内容、顺序和时间、技巧等计划好，自始至终掌握好面谈的进度。

对于员工来说，要做好以下准备。

（1）对自己在一个绩效周期内的行为态度与业绩重新回顾，收集准备好自己相关绩效的证明数据材料。

（2）对自己的职业发展有一个初步的规划，正视自己的优缺点。

（3）总结并准备好在工作过程中遇到的相关的疑惑问题，反馈给面谈者，请求组织的理解与帮助。

（二）面谈的实施

1．面谈与反馈的内容

面谈的内容主要是讨论员工工作目标考核完成情况，并帮助员工分析工作成功与失败的原因及下一步的努力方向，同时提出解决问题的意见和建议，求得员工的认可和接受。谈话中应注意倾听员工的心声，并对涉及的客观因素表示理解和同情。对敏感问题的讨论应集中在缺点上，而不应集中在个人，最大限度地维护员工的自尊，使员工保持积极的情绪，从而使面谈达到增进信任、促进工作的目的。

2．面谈结束后的工作

为了将面谈的结果有效地运用到员工的工作实践当中，在面谈结束后要做好两方面的工作。

（1）对面谈信息进行全面的汇总记录

将此次面谈的内容信息列出，如实地反映员工的情况，同时绘制一个员工发展进步表，帮助员工全面了解自己的发展状况。

（2）采取相应对策提高员工绩效

面谈的结果应该有助于员工的绩效提高。经过面谈，一方面，对于员工个人来说，可以正确了解到自己的绩效影响因素，提高改进绩效的信心和责任感；另一方面，企业可以全面掌握员工心态状况，据此进行综合分析，结合员工的各方面原因，有的放矢地制订员工教育、培养和发展计划，真正帮助员工找到提高绩效的对策。

（三）绩效反馈应注意的问题

为了保证绩效反馈的效果，在反馈绩效时应当注意以下几个问题。

1. 绩效反馈应当及时

在绩效考核结束后，上级应当立即就绩效考核的结果向员工进行反馈。绩效反馈的目的是要指出员工在工作中存在的问题，从而有利于他们在以后的工作中加以改进，如果反馈滞后，那么员工在下一个考核周期内还会出现同样的问题，这就达不到绩效管理的目的。

2. 绩效反馈要指出具体的问题

绩效反馈是为了让员工知道自己到底什么地方存在不足，因此反馈时不能只告诉员工绩效考核的结果，而是应当指出具体的问题。例如，反馈时不能只告诉员工"你的工作态度不好"，而应该告诉员工到底怎么不好，例如，"你的工作态度很不好，在这一个月内你迟到了 10 次；上周开会时讨论的材料你没有提前阅读"。

3. 绩效反馈要指出问题出现的原因和改进建议

除了要指出员工的问题外，绩效反馈还应当和员工一起找出造成这些问题的原因并有针对性地制订改进计划，帮助员工确定目标，给员工提出实现这些目标的措施和建议。

4. 绩效反馈不能针对人

在反馈过程中，针对的只能是员工的工作绩效，而不能是员工本人。如果针对员工本人，容易伤害员工，造成抵触情绪，影响反馈的效果。

5. 注意绩效反馈时说话的技巧

由于绩效反馈是一种面谈，因此说话的技巧会影响到反馈的效果。在进行反馈时，首先，要消除员工的紧张情绪，建立融洽的谈话气氛。其次，在反馈过程中，应当以正面鼓励为主，不指责、不批评、不评价员工的个性与习惯，同时语气要平和，不能引起员工的反感。再次，要给员工说话的机会，允许他们解释，绩效反馈是一种沟通，不是在指责员工。最后，控制好面谈时间，一般 20～40 分钟为宜，该结束的时候一定要结束，否则就是在浪费时间。

（四）绩效反馈效果的衡量

在绩效反馈结束以后，管理者还必须对反馈效果加以衡量，以提高反馈效果。衡量反馈效果时，需要考虑的方面包括：此次反馈是否达到了预期的目的。下次反馈时，应当如何改进谈话的方式。有哪些遗漏必须加以补充？又有哪些无用的内容必须删除。此次反馈对员工改进工作是否有帮助。反馈是否增进了双方的理解。对于此次反馈，自己是否感到满意。此次面谈的总体评价如何。

对于得到肯定回答的问题，在下一次反馈中就应当坚持；得到否定回答的问题，在下一次反馈中就必须加以改进。

二、绩效考核结果的运用

绩效考核结果是组织花费大量成本获得的，对于改进企业的绩效和强化企业管理都具有重要的作用和价值，但是目前却有很多企业不重视对绩效考核结果的运用。止步于考核结果的得出，不仅造成了大量的浪费，而且容易在企业内部造成一种流于形式和不公平的企业文化，不利于企业的良性发展。总体而言，绩效考核结果的运用包括两个层次：一是改进作用，即对绩效考核的结果进行分析，诊断员工存在的绩效问题，找到产生问题的原因，制订绩效改进计划，帮助员工提高绩效。二是管理作用，即根据绩效考核结果做出相关的人力资源管理决策。

为了便于考核结果的运用，往往需要计算出最后的考核结果并将结果区分成不同的等级。当用于不同的方面时，绩效项目在最终结果中所占的权重应当有所不同，一般来说，用于第一个方面时，工作业绩和工作态度所占的比重应当相对较高；用于第二个方面时，工作业绩和工作能力所占的比重要相对较高，例如，规定绩效考核结果用于奖金分配和工资调整时，在最终结果中，工作业绩占 60%，工作态度占 30%，工作能力占

10％；而用于职位调整时，工作业绩占50％，工作能力占40％，工作态度占10％。

此外，还要将最终计算出的考核结果划分成不同的等级，据此给予员工不同的奖惩，绩效越好，给予的奖励就要越大；绩效越差，给予的惩罚就要越大。例如，在百分制下，规定90分以上为A等，80～89分为B等，70～79分为C等，60～69分为D等，59分以下为E等。用于工资调整时规定，考核结果为A等的，工资增长幅度为10％；为B等的，工资增长幅度为5％；为C等的，工资不变；为D等的，工资下调4％；为E等的，工资下调8％。用于职位调整时规定，连续三年为C等以上的才有资格晋升；连续两年为D等的，公司有权解除劳动合同。

（一）绩效改进

绩效管理的根本目的就是要不断提高员工和企业的绩效，以实现企业的发展目标。所以利用绩效考核结果来帮助员工提高绩效是考核结果使用的一个非常重要的方面。绩效改进是一个包括系列活动的过程：第一，分析员工的绩效考核结果，明确其中存在的不足和问题。第二，由管理者和员工一起对绩效问题进行分析，找出导致绩效问题出现的原因；第三，和员工一同沟通，针对存在的问题制订绩效改进目标和绩效改进计划，并与员工达成一致；第四，以绩效改进计划补充绩效计划，进入下一个绩效考核周期，适时指导和监控员工的行为，与员工保持沟通，帮助员工实现绩效计划。

1. 绩效诊断

绩效诊断的过程包括两层内容：指明绩效问题和分析问题出现的原因。绩效诊断通过绩效反馈面谈来实现。绩效反馈面谈提供了一个正式的场合，既让员工接受自己绩效的反馈，提高了员工的重视程度；同时也能够在面谈中获得员工的意见、申述和反馈。诊断员工的绩效问题通常有两种思路：第一，从知识、技能、态度和环境四个方面着手分析绩效不佳的原因。第二，从员工、主管和环境三个方面来分析绩效问题，不管是用哪种方法，都要全面地分析导致员工绩效不佳的可能原因，究竟是员工个人能力或经验的不足，还是外界环境等因素造成绩效不佳。

2. 制订绩效改进计划

在绩效改进过程中，员工和直接上级都扮演着非常重要的角色。员工个人对自己的绩效负有责任，应尽力提高自己的绩效以胜任工作岗位的职责要求；直接上级也应该对员工提供指导和支持，以帮助员工顺利提高绩效。

（1）个人绩效改进计划

制订个人绩效改进计划，应包括的内容有三点：第一，回顾自己上个周期的工作表现、工作态度以及反馈面谈中所确认的绩效病因。思考如何通过自己的努力去改善绩效不佳的状况。第二，制订一套完整的个人改进计划，针对每项不良的绩效维度提出个人可以采取的改进措施，如需要学习的新知识和技能；通过何种方式实现，如向老员工讨教、接受哪些培训、再学习等；需要实现的掌握程度和时间框架等。第三，针对改进措施，向组织提出必要的资源支持，综合调配自己的时间和可以利用的现实资源，以确保改进措施能够付诸实施。当然，个人绩效改进计划需要组织的支持和上级的配合，计划制订完毕后应与上级主管沟通，获得上级认可。

（2）组织绩效改进支持

上级和组织的支持对于员工的绩效改进具有重要的作用。上级在这个过程中的工作主要包括：

第一，凭借自己的经验为员工提供建议，告诉员工改进绩效的过程中，需要或可以采取哪些措施来实现目标，帮助员工制订个人改进计划。

第二，针对员工的计划，提出完善意见，确保该计划是现实可行的，并且对绩效改进确实有帮助。

第三，为员工提供必要的支持和帮助，如准假等，满足员工的需求。

第四，管理者也可以从组织的角度出发，为员工指定导师或让员工参与某些通用的培训课程。

3．指导和监控

在制订绩效改进计划后，员工进入下一个绩效改进周期，管理者在这个过程中要保持与员工不断沟通，适时向员工提供指导和辅助，帮助员工克服改进过程中遇到的困难，避免员工再次出现偏差，确保下个绩效考核周期中员工的绩效能够顺利实现提升。

（二）根据绩效考核结果做出相关的人力资源管理决策

根据绩效考核结果做出人力资源管理决策包括以下几个方面的内容。

1. 薪酬奖金的分配

按照强化理论的解释，当员工的工作结果或行为符合企业的要求时，应当给予正强化，以鼓励这种结果或行为；当工作结果或行为不符合企业的要求时，应当给予惩罚，以减少这种结果或行为的发生。最直接的奖惩就体现在薪酬的变动中，一般来说，为增强薪酬的激励效果，员工的报酬中有一部分是与绩效挂钩的，不同性质的工作，挂钩的比例有所不同。根据绩效的好坏来调整薪资待遇或给予一次性奖金鼓励等，有助于员工继续保持努力工作的动力。

2. 职务的调整

绩效考核结果是员工职位调动的重要依据，这里的调动不仅包括纵向的升降，也包括横向的岗位轮换，如果员工在某岗位上绩效非常突出，则可以考虑将其适当地调到其他岗位上锻炼或承担更大的责任；如果员工不能胜任现有的工作，在查明原因后可以考虑将其调离现有岗位，去从事他能够胜任的工作岗位。另外，对于调换多次岗位仍无法达成绩效标准的员工，则应该考虑解聘。

3. 员工培训

培训的目的包括两个方面：帮助员工提高现有的知识和技能，使其更好地完成目前岗位的工作和开发员工从事未来工作的知识和技能，以更好地胜任未来将要从事的工作。绩效考核结果正好可以为员工的培训与开发提供依据，根据员工现在工作绩效的好坏，决定让员工参与何种培训和再学习。

4. 员工的职业生涯规划

根据员工目前的绩效水平和长期以来的绩效提高和培训过程，和员工协商制订长远的绩效和能力改进的系统计划，明确其在企业中的发展途径。

第六章 薪酬管理

第一节 薪酬管理的基础认知

一、与薪酬有关的基本概念

（一）报酬

在为一个组织或一位雇主工作的时候，劳动者之所以愿意付出自己的劳动、时间、技能等，是因为他们期望自己能够获得与个人劳动价值相符的回报。通常情况下，将一位员工为某个组织工作而获得的所有各种他认为有价值的东西统称为报酬。

可以用两种不同的方式对报酬进行分类。一种方法是将报酬划分为经济报酬和非经济报酬，另一种划分方法是将报酬划分为内在报酬和外在报酬。经济报酬和非经济报酬之间的界线是某种报酬是不是以金钱形式提供的，或者能否以货币为单位来加以衡量。经济报酬通常包括各种形式的薪酬和福利（其中，薪酬又被称为直接报酬，福利又被称为间接报酬）。而非经济报酬则包括成长和发展的机会、从事富有挑战性的工作的机会、参与决策的机会、特定的个人办公环境、工作地点的交通便利性等。内在报酬和外在报酬之间的区别在于，某种报酬对劳动者所产生的激励是一种外部刺激，还是一种发自内心的心理激励。

（二）薪酬

薪酬显然是报酬的一部分，但是对于薪酬到底应包含哪些报酬，目前并无完全一致的定论。对于薪酬的概念，通常可以划分为三类。

第一种是宽口径的界定，将薪酬等同于报酬，即员工由于完成了自己的工作而获得的各种内在的报酬和外在的报酬。

第二种是中等口径的界定，员工因为雇佣关系的存在而从雇主那里获得的各种形式的经济收入以及有形服务和福利，这一概念包括薪酬（直接经济报酬）和福利（间接经济报酬）。

第三种是窄口径的界定，薪酬仅仅包括货币性薪酬（基本薪酬和激励薪酬或浮动薪酬之和），而不包括福利。

此处将采用第三种定义方式，即薪酬仅仅包括直接的货币性薪酬（其中包括固定部分和浮动部分两方面内容），但是不包括福利。为了行文上的方便和用语的简练，有些时候也会简单地用"薪酬"一词来代表"薪酬福利"，如"薪酬管理"一词实际上往往包括薪酬和福利两部分内容的管理，而"薪酬调查"也包括薪酬和福利两方面内容的调查。

（三）总薪酬

总薪酬有时也称为全面薪酬，它概括了各种形式的薪酬和福利，其中包括基本薪酬、激励薪酬、津贴和补贴、福利、股票和股权等其他多种经济性报酬。

1．基本薪酬

基本薪酬根据员工的职位、所承担的职责、所需要的技能等因素决定，常常忽视员工之间的个体差异。基本薪酬是员工能获得的稳定报酬，是员工收入的主要部分，也是计算员工其他收入，如绩效加薪、某些重要福利的基础。假设某企业实行工时定额的某流水线操作工，每一个工时的工资是 10 元，操作工的基本薪酬所得就取决于工作时间的长短，平时加班将按该标准的 150％、周末按 200％、节假日按 300％支付。

绩效加薪也属于基本薪酬的范畴，它是根据员工工作绩效确定的基本薪酬的增长，许多企业有类似的规定，在年度绩效评估中被评为优秀的员工，会在下一年获得基本薪酬增加 10％～20％的待遇。

2．激励薪酬

激励薪酬是薪酬系统中与绩效直接挂钩的经济性报酬，有时也称为绩效薪酬、可变薪酬或奖金。激励薪酬的目的是在绩效和薪酬之间建立一种直接的联系，这种业绩既可以是员工个人的业绩，也可以是组织中某一业务单位、员工群体、团队甚至整个公司的业绩。由于在绩效和薪酬之间建立了这种直接的联系，激励薪酬对于员工具有很强的激励性，对于组织绩效目标的达成起着非常积极的作用。它有助于强化员工个人、群体乃至全体员工的优秀绩效，从而达到节约成本、提高产量、改善质量以及增加收益等多种目的。

绩效加薪与激励薪酬都与员工绩效相关，所不同的是，绩效加薪是对员工过去优秀绩效的一种奖励，它是以员工个人的绩效评价等级为基础的，而激励薪酬是提前约定好的，比如奖金多少、收益分享的比率等，激励薪酬是为了影响员工将来的行为；绩效加薪是对基本工资的永久增加，而奖金是一次性支付。

3．津贴和补贴

津贴和补贴是对工资制度的补充，是对雇员超额劳动或增收节支的一种报酬形式。津贴是指对工资或薪水等难以全面、准确反映的劳动条件、劳动环境等对员工身心造成的某种不利影响，或者为了保证员工工资水平不受物价影响而支付给员工的一种补偿。人们常把与员工生活相联系的补偿称为补贴，如交通补贴、住房补贴、生育补贴等，津贴与补贴常以货币形式支付给员工。

4．福利

福利分为法定福利和非法定福利。员工福利同基本薪酬一样是员工的劳动所得，属于劳动报酬的范畴，但这不同于基本薪酬，其不同表现在五个方面：基本薪酬是按劳付酬，员工之间基本薪酬存在差别，而员工福利是根据用人单位、工作和员工的需要支付，员工之间福利差别不大。基本薪酬是直接的劳动力再生产费用，而员工福利是间接的劳动力再生产费用。基本薪酬金额与岗位需求和劳动素质相关，而员工福利则与之无关。基本薪酬作为人工成本随工作时间的变化而发生变化，而员工福利作为人工成本则随人数的变化而变化，有些福利项目从利润中支付，不列入成本。基本薪酬具有个别性、稳定性，而员工福利则具有集体性和随机性。

5．股票和股权

股票和股权是一种新型的薪酬形式。前者是企业员工持有企业的股票，后者是一种权利。股权是将企业的一部分股份作为薪酬授予员工，使员工成为企业的股东，享有同股东一样的分红权。

二、薪酬的作用

（一）员工方面

1．经济保障功能

薪酬是员工以自己的劳动、时间和技能的付出为企业创造价值而获得的回报，薪酬是他们的主要收入来源，它对于员工及其家庭生活起到的保障作用是其他任何收入保障手段都无法替代的。薪酬对于员工的保障并不仅仅体现在满足员工在吃、穿、用、住和行等方面的基本生存需要，同时还体现在满足员工娱乐、教育和自我开发等方面的发展需要上。总之，薪酬水平的高低对于员工及其家庭的生存状态和生活方式所产生的影响是非常大的。

2．激励功能

员工对薪酬状况的感知可以影响员工的工作行为、工作态度以及工作绩效，即产生激励作用。研究发现，人在没有科学的激励下只能发挥能力的 20％～30％，而在合理的激励下则发挥其能力的 80％～90％，也就是说，一个人被充分激励之后发挥的作用相当于之前的 3～4 倍，激励是管理的核心，而薪酬是激励的主要因素。总薪酬中的绩效加薪或激励薪酬（奖金）都属于激励性薪酬，它直接影响着员工的工作绩效。

3．社会信号功能

薪酬作为一种信号，可以很好地反映一个人在社会流动中的市场价值和社会位置，还可以反映一个人在组织内部的价值和层次，可见，员工薪酬水平的高低除了具有经济保障功能以外，还向他们传递一种信号，人们可以根据这个信号来判断员工的家庭、朋友、职业、受教育程度、生活状态。

（二）企业方面

1．促进战略实现，改善经营绩效

员工是组织的基础，组织如果没有员工就无法实现经营管理，无法达到组织制定的目标，也无法实现组织的战略，而薪酬是引进、保留和激励员工的重要手段。因此，薪酬是促进组织战略实现的基础。另外，由于薪酬决定了现有员工受到激励的状况，影响他们的工作效率、缺勤率、对组织的归属感以及对组织的承诺度，从而直接影响企业的生产能力和生产效率。通过合理的薪酬设计，企业可以向员工传递企业期望的行为、态度和绩效，通过这种信号的引导，员工的工作行为和态度以及最终的绩效将会朝着企业期望的方向发展，从而改善企业的经营绩效。

2．塑造和增强企业文化

薪酬影响员工的工作行为和工作态度。一项薪酬制度可能促进企业塑造良好的文化氛围，也可能与企业现有的价值观形成冲突。比如说，企业实行的是以个人绩效为基础的激励薪酬的方案，那么企业就容易强化个人主义的文化氛围；反之，企业实行的是以团队绩效为基础的激励薪酬方案，那么企业就会形成支持团队的文化氛围。薪酬的导向作用要求企业必须建立科学合理并具有激励性的薪酬制度，从而对企业文化的塑造起到积极的促进作用。

3. 成本控制功能

薪酬是企业的人力资源成本，尽管人力资源成本在不同行业和不同企业的总成本中所占的比重不同，但对于任何企业来说，薪酬都是不容忽视的成本支出。因此，有效地进行薪酬管理，控制薪酬成本对大多数企业的成功来说具有重大的意义。

4. 支持和推动企业变革

面临竞争激烈的经营环境，企业的变革已经成为企业经营过程中的一种常态，企业如果不变革将很快被淘汰，所以，企业为了适应这种状态，需要重新设计战略、流程再造、调整组织结构、变革文化、设计团队等。这一切都离不开薪酬，因为薪酬可以通过影响个人、工作团队和企业整体来创造出与变革相适应的内外部氛围，从而推动企业变革。

三、影响薪酬的因素

在市场经济条件下，薪酬管理活动受内外部许多因素的影响，为了保证薪酬管理的有效实施，必须对这些影响因素有所认识和了解。一般来说，影响企业薪酬管理的各项决策的因素主要有三类：一是企业外部因素；二是企业内部因素；三是员工个人因素。

（一）企业外部因素

1. 国家法律法规与政策

国家法律法规与政策对企业行为具有强制性的约束作用，因此企业在进行薪酬管理时应当首先考虑这一因素，在法律法规与政策规定的范围内进行薪酬管理。例如，政府的最低工资立法规定了企业支付薪酬的下限；社会保险法律规定了企业必须为员工缴纳一定数额的社会保险费。

2. 劳动力市场状况

按照经济学的解释，薪酬就是劳动力的价格，它取决于供给和需求的对比关系，在企业需求一定的情况下，当劳动力市场紧张，造成劳动力资源供给减少，劳动力资源供不应求的时候，劳动力价格就会上涨，此时企业要想获取必要的劳动力资源，就必须相应地提高薪酬水平；反之，企业可以维持甚至降低薪酬水平。

3．物价水平

薪酬最基本的功能是保障员工的生活，因此对员工来说更有意义的是实际薪酬与物价水平的比率。当整个社会的物价水平上涨时，为了保证员工的实际生活水平不受或少受影响，支付给他们的薪酬相应也要调整。

4．其他企业的薪酬状况

其他企业的薪酬状况对企业薪酬管理的影响是最为直接的，这是员工进行横向公平性比较时非常重要的一个参考因素。当其他企业，尤其是竞争对手的薪酬水平提高时，为了保证外部的公平性，企业也要相应地提高自己的薪酬水平，否则就会造成员工的不满意甚至流失。

（二）企业内部因素

1．企业的经营战略

薪酬管理要服从和服务于企业的经营战略，不同的经营战略下，企业的薪酬管理也会不同，如表 6-1 所示。

表 6-1 不同经营战略下的薪酬管理

经营战略	经营重点	薪酬管理
成本领先战略	1．一流的操作水平 2．追求成本的有效性	1．重点放在与竞争对手的成本比较和提高激励薪酬的比重上 2．强调制度的控制性、具体的工作说明和生产率
创新战略	1．产品领袖 2．向创新性产品转移	1．奖励在产品以及生产方法方面的创新 2．以市场为基准的工资
客户中心战略	1．紧紧贴近客户 2．为客户提供解决问题的办法 3．加快营销速度	1．以顾客满意作为奖励的基础 2．以顾客进行工作评价或技能评价

2．企业的经营战略

企业处于不同的发展阶段时，其经营重点和面临的外部环境是不同的，因此在不同的发展阶段，薪酬形式也是不同的，如表 6-2 所示。

表6-2 企业不同发展阶段下的薪酬管理

企业发展阶段		开创	成长	成熟	稳定	衰退	再次创新
薪酬形式	基本薪酬	低	中	高	高	高	中
	激励薪酬	高	高	中	低	无	高
	福利	低	低	中	高	高	低

3. 企业财务状况

薪酬是企业的一项重要开支，因此企业的财务状况也会对薪酬产生重要影响，良好的财务状况可以保证薪酬水平的竞争力和薪酬支付的及时性。

（三）员工个人因素

1. 员工所处的职位

在目前主流的薪酬管理理论中，这是决定员工个人基本薪酬以及企业薪酬结构的重要基础，也是内部公平性的重要体现，职位对员工薪酬的影响并不完全来自级别，而主要是职位所承担的工作职责以及对员工的任职资格要求。

2. 员工的绩效表现

员工的绩效表现是决定其激励薪酬的重要基础，在企业中，激励薪酬往往与员工的绩效联系在一起，它们具有正相关关系。总的来说，员工的绩效越好，其激励薪酬就会越高。此外，员工的绩效表现还会影响其绩效加薪，进而影响基本薪酬的变化。

3. 员工的工作年限

工作年限主要有工龄和司龄两种表现形式，工龄是指员工参加工作以来的整个工作时间，司龄是指员工在本企业中的工作时间。工作年限会对员工的薪酬水平产生一定的影响，一般来说，工龄和司龄越长的员工，薪酬的水平相对较高。

四、薪酬的基本决策

（一）薪酬体系决策

薪酬体系决策的主要任务是确定组织决定员工基本薪酬的基础是什么。当前，国际上通行的薪酬体系主要有三种，即职位薪酬体系、技能薪酬体系以及能力薪酬体系，其中职位薪酬体系的运用最为广泛。所谓职位薪酬体系、技能薪酬体系以及能力薪酬体系，顾名思义就是指组织在确定员工的基本薪酬水平时所依据的分别是员工从事的工作自身的价值、员工自身的技能水平以及员工所具备的胜任能力。其中，职位薪酬体系是以工作和职位为基础的薪酬体系，而技能和能力薪酬体系则是以人为基础的薪酬体系。职位薪酬体系、技能薪酬体系和能力薪酬体系之间的区别如表6-3所示。

表6-3　职位薪酬体系、技能薪酬体系和能力薪酬体系之间的区别

	职位薪酬体系	技能薪酬体系	能力薪酬体系
薪酬基础	以员工所在的职位为基础	以员工掌握的技能为基础	以员工的能力为基础
价值决定	职位价值的大小	技能的多少	能力的高低
设计程序	工作分析和工作评价	技能等级的分析与认定	能力要素分析与评价
工作变动	薪酬随着职位变动	薪酬保持不变	薪酬保持不变
培训作用	是工作需要而不是员工意愿	增加工作技能和报酬	增加工作能力和报酬
员工晋升	需要有空缺的职位	通过技能认证	通过能力测试
员工关注	追求职位的晋升以获得更高报酬	追求工作技能的积累	寻求能力的增多或提升
优点	按职位系列进行薪酬管理比较简单、稳定，节约成本	鼓励员工持续学习新技能，优秀专业人才能安心本职工作	员工有更多的发展机遇，鼓励员工自我发展
缺点	员工晋升无望时会消极怠工，不利于激励员工，不灵活	培训费用和薪酬增加，技能薪酬设计较复杂	能力不等于业绩，能力的界定与评价相当难

（二）薪酬水平决策

薪酬水平是指组织中各职位、各部门以及整个组织的平均薪酬水平，薪酬水平决定了组织薪酬的外部竞争性。企业的薪酬水平越高，其在劳动力市场上的竞争力就越强，但是相对来说成本也会越高。在传统的薪酬管理中，企业关注的是整体薪酬水平，目前企业关注整体薪酬水平的同时，也开始关心不同企业各职位薪酬水平的比较。企业在确定薪酬水平时，通常可以采用四种策略：领先型策略、匹配型策略、拖后型策略、混合型策略，如表6-4所示。

表6-4 薪酬水平策略的类型

类型	特点
领先型策略	薪酬水平高于市场平均水平；企业的薪酬相对而言比较有竞争力，成本相对来说较高
匹配型策略	薪酬水平与市场平均水平保持一致；企业的薪酬相对而言竞争力中等，成本也是中等
拖后型策略	薪酬水平要明显低于市场平均水平；企业的薪酬竞争力弱，但成本比较低
混合型策略	针对企业内部的不同职位采用不同的策略，如对关键职位采用领先型策略，对辅助性职位采用匹配型策略，而对一线员工则采用拖后型策略

（三）薪酬构成决策

薪酬构成是指在员工和企业总体的薪酬中，不同类型薪酬的组合方式。对于企业而言，基本薪酬、激励薪酬（奖金）与间接薪酬（福利）都是经济性支出，但这三种薪酬的作用又不完全相同。基本薪酬在吸引、保留人员方面效果比较显著；激励薪酬在激励人员方面效果比较显著；间接薪酬在保留人员效果方面比较显著。根据这三者所占比例的不同，可以划分为三种模式：高弹性薪酬模式、高稳定薪酬模式和调和型薪酬模式。高弹性薪酬模式是一种激励性很强的薪酬模式，激励薪酬是薪酬的主要组成部分；高稳定薪酬模式是一种稳定性很强的薪酬模式，基本薪酬占主导地位，激励薪酬占较少比重；调和型薪酬模式兼具激励性和稳定性，基本薪酬和激励薪酬所占比例基本相当。

（四）薪酬结构决策

薪酬结构指企业内部的薪酬等级数量，每一等级的变动范围及不同薪酬等级之间的关系等。薪酬结构反映企业内部各个职位之间薪酬的区别，对于员工而言具有重要的价值。在薪酬管理中，会根据员工的职位（或者能力）确定员工的薪酬等级，这一等级确定后，员工的薪酬也就基本确定。薪酬结构的设计会直接影响员工的薪酬以及今后员工薪酬变动的可能性与区间。因此，企业的薪酬结构设计得比较合理时，会对员工的吸引、保留与激励产生积极作用，反之则会带来负面影响。

第二节　薪酬体系设计

一、薪酬体系设计的原则

（一）公平性原则

根据公平理论，员工会进行两方面的比较，一是会将自己的付出与回报进行比较；二是会将自己的付出回报比与他人的付出回报比进行比较。如果员工觉得二者有不公平的现象，那么薪酬就不能起到激励员工的作用，还会因此影响员工的工作积极性，降低其工作效率，造成紧张的人际关系等。所以薪酬的设计要尽量公平，在现实中虽然不能做到完全公平，但至少在薪酬设计时应保证公平。薪酬设计的公平性可以从两个方面来考虑，一是外部公平性，指的是同一行业、同一地区、不同企业中类似的职位薪酬应基本一致；二是内部公平性，指的是在企业内部，员工所获得的薪酬应与其从事的工作岗位所要求的知识、技能、经验等相匹配。另外，不同职位如果没有多大差别，贡献或业绩相当，所获取的薪酬也应基本一致。

（二）激励原则

激励原则包含两个方面的含义：一是薪酬设计应该做到按劳分配，多劳多得，即按不同技能、不同知识水平、不同能力、不同业绩水平等定薪，奖勤罚懒和奖优罚劣，这样才能发挥薪酬的激励性。二是组织要根据不同员工的不同需求，真实地了解员工的需求，利用薪酬的多样化组合来满足员工，从而达到激励的目的。

（三）经济性原则

在薪酬设计的过程中固然要考虑薪酬水平的竞争性和激励性，但同时还要充分考虑企业自身发展的特点和承受能力。员工的报酬是企业生产成本的重要组成部分，过高的薪酬水平必然会导致人力成本的上升和企业利润的减少。所以，应该考虑人力资源成本的投入和产出比，将人力资源成本控制在经济合理的范围，使企业的薪酬既具有激励性又能确保企业的正常运作。

（四）合法性原则

企业薪酬分配制度必须符合国家的有关政策与法律。为了维持社会经济的持续稳定发展，维护劳动者应取得的合法劳动报酬和必须拥有的劳动权益，我国政府颁布了一系列法律法规文件。企业在设计薪酬过程中一定要遵守相关的法律法规，避免因薪酬问题引起劳动纠纷。

二、薪酬体系设计的流程

（一）制定薪酬战略

企业人力资源战略服务于企业战略，所以薪酬战略也要考虑企业的战略和企业的目标。制定薪酬战略要考虑以下问题：薪酬管理如何支持企业的战略实施，薪酬的设计如何达成组织内部的公平性和外部的竞争性，如何制定薪酬才能真正地激励员工，如何提高薪酬成本的有效性等。

（二）薪酬调查分析

企业要吸引和保留住员工，不但要保证企业薪酬的内部公平性，而且要保证企业薪酬的外部竞争力，因此要进行薪酬调查。薪酬调查就是通过一系列标准、规范和专业的方法，对市场上各职位进行分类、汇总和统计分析，形成能够客观反映市场薪酬现状的调查报告，为企业提供薪酬设计方面的决策依据及参考。因为薪酬调查是将企业内部的薪酬状况和其他企业薪酬状况进行比较，所以组织首先要进行全面的企业内部薪酬满意度调查，以了解企业内部的薪酬现状及发展需求，做到发现问题，弄清原因，明确需要，确保薪酬体系设计的客观性与科学性。同时，还要对同类、同行企业的外部薪酬水平状况进行深入细致的调查。

对企业外部薪酬调查分析的主要内容一般包括三个方面：目标企业的薪酬政策。是控制成本还是激励或吸引员工；薪酬构成是高弹性、稳定性模式还是折中式模式；薪酬的其他政策，包括加班费计算、试用期薪酬标准等。薪酬的结构信息。主要包括企业职位或岗位的组织结构体系设计、薪酬等级差、最高等级与最低等级差、薪酬的要素组合、基本薪酬与福利的比例、激励薪酬的设计等。薪酬的纵向与横向水平信息。包括基本薪酬信息、激励薪酬信息及福利薪酬信息等。

由于这些调查对象一般都是竞争对手，且薪酬制度往往被其视为商业机密，它们一般不愿意提供实质性的调查资料。所以，薪酬市场调查分析一般会比较困难，需要企业从多方面、多渠道进行，直接或间接地收取调查资料。一般来说，薪酬的调查方法包括四种：企业薪酬调查、商业性薪酬调查、专业性薪酬调查和政府薪酬调查，企业薪酬调查是企业之间互相调查；商业性薪酬调查一般由咨询公司完成；专业性薪酬调查是由专业协会针对薪酬状况所进行的调查；政府薪酬调查是指由国家劳动、人事、统计等部门进行的薪酬调查。

（三）薪酬结构设计

通过工作分析与评价，可以表明每一个职位在企业中相对价值的顺序、等级。工作的完成难度越大，对企业的贡献越大，其重要性就越大，这也就意味着它的相对价值越大。通过薪酬调查以及对组织内、外部环境的分析，可以确定组织内各职位的薪酬水平，规划各个职位、岗位的薪酬幅度、起薪点和顶薪点等关键指标。要使工作的相对价值转换为实际薪酬，需要进行薪酬结构设计。

薪酬结构是指工作的相对价值与其对应的工资之间保持的一种关系。这种关系不是随意的，是以服从某种原则为依据的，具有一定的规律，通常这种关系用"薪酬政策线"来表示。从理论上讲，薪酬政策线可呈任意一种曲线形式，但实际上它们多呈直线或由若干直线段构成的一种折线形式。这是因为薪酬设计必须遵循的基本原则是公平性，组织内各职位的报酬与员工的付出应基本相等，各职位的相对价值就是员工付出的反映，因此，绘制薪酬政策线各点的斜率应该基本相等，薪酬政策线呈直线。

一般来说，薪酬调查的结果或职位评价的结果，即外部公平性和内部公平性是一致的，也就是说，外部市场薪酬水平和评价点数或序列等级确定的薪酬点都分布在薪酬政策线的周围。但是，有时也会出现不一致的情况，这时薪酬点就会明显地偏离薪酬政策线。这表明内部公平性和外部公平性之间出现了矛盾。当内部公平性和外部公平性不一致时，通常要按照外部公平性优先的原则来调整这些职位薪酬水平，否则，要么就是这些职位的薪酬水平过低，无法招聘到合适的人员；要么就是薪酬水平过高，企业承担了过高的成本。企业还要根据自己的薪酬策略来对薪酬政策曲线做出调整。上面所讲的薪酬政策曲线是按照市场平均薪酬水平建立的，因此如果企业实行的是领先型或拖后型薪酬策略，就应当将薪酬政策曲线向上或向下平移，平移的幅度取决于领先或拖后的幅度，如果实行的是匹配型策略，薪酬政策曲线就可以保持不动。

（四）薪酬分级与定薪

绘制好组织薪酬政策曲线以后，通过薪酬政策曲线就可以确定每个职位的基本薪酬水平。但是当企业的职位数量比较多时，如果针对每个职位设定一个薪酬标准，会大大提高企业的管理成本。因此，在实际操作中，还需要在薪酬的每一个标准内增设薪酬等级，即在众多类型工作职位的薪酬标准内再组合成若干等级，形成一个薪酬等级标准系列。通过职位工作评价点数的大小与薪酬标准对应，可以确定每一个职位工作的具体薪酬范围或标准，以确保职位薪酬水平的相对公平性。

不同薪酬等级之间的薪酬差异称为薪酬级差。薪酬级差可根据员工的职位、业绩、态度、能力等因素划分，要尽可能地体现公平。级差的大小应与薪酬等级相符，等级差异大，级差相应也大，等级差异小，则级差也小，如果二者关系不相符，容易引起不同等级员工的不满。等级差异过大，薪酬等级较低的员工会认为有失公平，自己所得过少；等级差异过小，薪酬等级较高的员工会认为自己的贡献价值没有得到认可，因而会挫伤其工作积极性。

第三节　多维视角下激励薪酬和福利

一、激励薪酬

（一）激励薪酬概述

1. 激励薪酬的概念

激励薪酬又称绩效薪酬、可变薪酬或奖金，它是指以员工个人、团队或者组织的绩效为依据支付给员工的薪酬。激励薪酬的目的在于通过将员工的薪酬与绩效挂钩，鼓励员工为企业、部门或团队的绩效做出更大的贡献。激励薪酬有助于强化组织规范，激励员工调整自己的行为，并且有利于组织目标的实现。

2. 激励薪酬的优缺点

激励薪酬相对于基本薪酬来说，具有明显的优势，主要表现在以下几个方面。

第一，激励薪酬是和绩效联系在一起的，因此对员工的激励性也就更强。

第二，激励薪酬更能把员工的努力集中在组织、部门或团队认为重要的目标上，从而推动组织、部门或团队目标的实现。

第三，激励薪酬是根据绩效来支付的，可以增加企业薪酬的灵活性，帮助企业节约成本。

不过，激励薪酬也存在明显的不足，主要表现在以下几个方面。

第一，绩效评价难度比较大，激励薪酬很可能会流于形式。

第二，激励薪酬有可能导致员工之间或者员工群体之间的竞争，而这种竞争可能不利于组织创造良好的人际关系，导致组织的氛围比较紧张，从而影响组织的整体利益。

第三，激励薪酬实际上是一种工作加速器，有时员工收入的增加会导致组织出台更为苛刻的产出标准，这样就会破坏组织和员工之间的心理契约。

第四，绩效激励公式有时非常复杂，员工可能难以理解。

3. 激励薪酬的实施要点

在市场经济条件下，激励薪酬将激励员工和节约成本的作用发挥得较好，使得越来越多的组织予以使用，而这种薪酬计划的缺点也使得激励薪酬的实施过程必须非常谨慎，这里着重指出以下几个方面。

第一，组织必须认识到，激励薪酬只是组织整体薪酬体系中的一个重要组成部分，它尽管对于激励员工的行为和绩效具有重要的作用，但是不能取代其他薪酬计划。

第二，激励薪酬必须对那些圆满完成组织绩效或行为与组织目标一致的员工给予回报，激励薪酬必须与组织的战略目标及其文化和价值观保持一致，并且与其他经营活动相协调。

第三，要想实施激励薪酬，组织必须首先建立有效的绩效管理体系。这是因为激励薪酬以员工个人、群体甚至组织整体的业绩作为奖励支付的基础，如果不能建立公平合理、准确完善的绩效评价系统，绩效奖励就成了无源之水、无本之木。

第四，有效的激励薪酬必须在绩效和奖励之间建立紧密的联系。这是因为无论组织的目标多么清晰，绩效评价多么准确，反馈多么富有成效，如果它与报酬之间不存在联系，绩效也不会达到最大化。

第五，激励薪酬必须获得有效沟通战略的支持。既然激励薪酬要求员工能够承担一定的风险，那就要求组织能够及时为员工提供正确地做出决策所需要的各种信息。

第六，激励薪酬需要保持一定的动态性，过去曾经取得成功的激励薪酬现在并不一定依然成功，而经常是要么需要重新设计新的激励薪酬，要么需要对原有的激励薪酬进行较大的修改和补充。

（二）激励薪酬的种类

1. 个人激励薪酬

（1）直接计件工资计划

直接计件工资计划是先确定在一定时间（如 1 小时）内应当生产出的标准产出数量，然后根据标准产出数量确定单位时间工资率，最后根据实际产出水平计算出实际应得薪酬。显然，在这种计划下，产出水平高于平均水平者得到的薪酬也较高。这种奖励计划的优点是简单明了，容易被员工了解和接受。其主要缺点是确定标准存在困难。在生产领域需要进行时间研究，但是时间研究所得出的计件标准的准确性会受到观察的次数、选择的观察对象、对正常操作速度的界定等各方面因素的影响。标准过松对组织不公平，标准过严又对员工不公平。

（2）标准工时计划

所谓标准工时计划是指首先确定正常技术水平的工人完成某种工作任务所需要的时间，然后确定完成这种工作任务的标准工资率。即使一个人因技术熟练以少于标准时间的时间完成了工作，他依然可以获得标准工资率。举例来说，对于一位达到平均技术水平的汽车修理工来说，为小汽车补一个轮胎平均需要花费的时间可能是 1 小时。但是如果某位修理工的工作效率较高，可能在半小时内就完成工作了，但组织在支付工资的时候，仍然是根据 1 小时来支付报酬。对于周期很长、技能要求较高、非重复性的工作而言，标准工时计划十分有效。

（3）差额计件工资计划

这种工资制度是由科学管理运动的开创者泰勒最先提出的。其主要内容是使用两种不同的计件工资率：一种适用于那些产量低于或等于预定标准的员工，而另一种则适用于产量高于预定标准的员工。

2. 群体激励薪酬

（1）利润分享计划

利润分享计划指对代表企业绩效的某种指标（通常是利润指标）进行衡量，并以衡量的结果为依据来对员工支付薪酬。利润分享计划有两个优势：一是将员工的薪酬和企业的绩效联系在一起，因此可以促使员工从企业的角度去思考问题，增强了员工的责任感；二是利润分享计划所支付的报酬不计入基本薪酬，这样有助于灵活地调整薪酬水平，在经营良好时支付较高的薪酬，在经营困难时支付较低的薪酬。利润分享计划一般有三种实现形式：一是现金现付制，就是以现金的形式即时兑现员工应得到的分享利润；二是递延滚存制，就是指利润中应发给员工的部分不立即发放，而是转入员工的账户、留待将来支付，这种形式通常是和企业的养老金计划结合在一起的，有些企业为了减少员工的流动率，还规定如果员工的服务期限没有达到规定的年限，将无权得到或全部得到这部分薪酬；三是混合制，就是前两种形式的结合使用。

（2）收益分享计划

收益分享计划是企业提供的一种与员工分享因生产率提高、成本节约和质量提高等而带来的收益的绩效奖励模式。通常情况下，员工按照一个事先设计好的收益分享公式，根据本人所属部门的总体绩效改善状况获得奖金，常见的收益分享计划有斯坎伦计划与拉克计划。斯坎伦计划的操作步骤包括：确定收益增加的来源，通常包括生产率的提高、成本节约、次品率下降或客户投诉率下降等，将这些来源的收益增加额加总，得出收益增加总额。提留和弥补上期亏空，收益增加总额一般不全部进行分配，如果上期存在透支，要弥补亏空，此外还要提留一定比例的储备，得出收益增加净值。确定员工分享收益增加净值的比重，并根据这一比重计算出员工可以分配的总额。用可以分配的总额除以工资总额，得出分配的单价。员工的工资乘以这一单价，就可以得出该员工分享的收益增加数额。拉克计划在原理上与斯坎伦计划类似，但是计算的方式要复杂许多，它的基本假设是员工的工资总额保持在一个固定的水平上，然后根据企业过去几年的记录，以其中工资总额占生产价值（或净产值）的比例作为标准比例，确定奖金的数额。

（3）成功分享计划

成功分享计划又称为目标分享计划，它的主要内容是运用平衡计分卡的思想，为某个部门或团队制定包括财务和非财务目标、过程和结果目标等在内的若干目标，然后对超越目标的情况进行衡量，并根据衡量结果对某个部门或团队提供绩效奖励。在成功分享计划中，每个绩效目标都是相互独立的，部门或团队每超越一个绩效目标，就会单独获得一份奖励，经营单位所获得的总奖励金额等于其在每个绩效目标上所获得的奖励总和。成功分享计划的目的就在于将某个部门或团队的所有员工与某些预定的绩效改善目标联系在一起。如果这些目标达到了，员工就会得到货币报酬或非货币报酬。

3．短期激励薪酬

（1）一次性奖金

顾名思义，一次性奖金是一种一次性支付的绩效奖励。在很多情况下，员工可能会因为完成了销售额或产量，实现了节约成本，甚至提出了对企业的合理化建议等而得到这种一次性的绩效奖励。在一些兼并、重组的事件发生时，为了鼓励被收购的企业中的有价值的员工留任而支付一笔留任奖金。还有一些企业为了鼓励优秀人才下定决心与企业签约，也会向决定加入本公司的新员工提供一笔签约奖金。一次性奖金的优势是不仅能足够地激励员工，而且不至于出现薪酬大量超出企业支付的范围，所以一次奖金比较灵活。

（2）月度/季度浮动薪酬

月度/季度浮动薪酬是指根据月度或季度绩效评价的结果，以月度绩效奖金或季度绩效奖金的形式对员工的业绩加以认可。这种月度或季度奖金一方面与员工的基本薪酬联系较为紧密，往往采用基本薪酬乘以一个系数或者百分比的方式来确定；另一方面又具有类似一次性奖金的灵活性，不会对企业形成较大的成本压力，这是因为，企业月度或季度奖金投入的数量可根据企业的总体绩效状况灵活调整。例如：如果企业经营业绩好，则企业可能拿出相当于员工月度或季度基本薪酬120％的金额作为月度或季度绩效奖金发放；如果企业的经营业绩不佳，企业可能只拿出相当于员工月度或季度基本薪酬50％或更低比率的金额作为月度或季度绩效奖金发放。

（3）特殊绩效认可计划

特殊绩效认可计划具有非常高的灵活性，它可以对那些出人意料的单项高水平绩效表现（如开发出新产品、开拓新的市场、销售额达到相当高的水平等）给予一次性的现金或者其他实物性奖励。特殊绩效认可或奖励计划提高了报酬系统的灵活性和自发性，为组织提供了一种让员工感觉到自己的重要性和价值的更多的机会。事实上，特殊绩效认可计划已经成为一种激励员工的很好的替代方法。这种计划不仅适用于为组织做出了特殊贡献的个人，而且适用于有特殊贡献的团队。如当一个工作团队的所有成员共同努力创造了显著的成果，或者完成了一项关键任务时，组织可以针对这个团队实施特殊绩效认可计划。

4．长期激励薪酬

长期激励薪酬的支付周期通常为3～5年，长期激励薪酬强调长期规划和对组织的未来可能产生影响的那些决策。它能够创造一种所有者意识，有助于企业招募、保留和激励高绩效的员工，从而为企业的长期资本积累打下良好的基础。对于那些新兴的风险型高科技企业来说，长期激励薪酬的作用是非常明显的。此外，长期激励薪酬对员工也有好处，它不仅为员工提供了一种增加收入的机会，而且为员工提供了一种方便的投资工具。股票所有权计划是长期激励薪酬的一种主要形式，目前，常见的股票所有权计划主要有三类：现股计划、期股计划和期权计划。

二、员工福利

（一）员工福利概述

1．员工福利的概念

员工福利是企业基于雇佣关系，依据国家的强制性法令及相关规定，以企业自身的支付为依托，向员工提供的用以改善其本人和家庭生活质量的各种以非货币工资的支付形式为主的补充性报酬与服务。

根据定义，可以从以下几方面来理解员工福利。

第一，员工福利的提供方是企业，接受方是员工及其家属。

第二，员工福利是整个薪酬系统中的重要组成部分，是除了基本薪酬和激励薪酬之外的那部分薪酬。

第三，员工福利可以采取多种形式发放，服务、实物和货币都可以是福利的支付形式。

第四，员工福利旨在提高员工的满意度和对企业的归属感。

2. 员工福利的特点

第一，实物或延期支付的形式。基本薪酬和激励薪酬往往采取货币支付和现期支付的方式，而福利多采取实物支付或延期支付的形式。

第二，固定性。基本薪酬和激励薪酬具备一定的可变性，与员工个人直接相连；而福利则比较固定，一般不会因为工作绩效的好坏而在福利的享受上存在差异。

第三，均等性。企业内部的福利对于员工而言具有一视同仁的特点，履行了劳动义务的企业员工，都有享有企业各种福利的平等权利，不会因为职位层级的高低而有所差别，但均等性是针对一般福利而言的，对一些高层次的福利，许多企业还是采取了差别对待的方式，例如，对高层管理人员的专车配备等。

第四，集体性。福利主要是通过集体消费或使用公共物品等方式让员工享有，集体消费主要体现在通过集体购买和集体分发的方式为员工提供一些生活用品。

3. 员工福利的作用

（1）员工福利对企业的作用

从表面上看，对于企业来说支付福利费用是一种成本支出。但事实并非如此，科学合理的福利制度为企业带来的实际收益是远高出同等数量的基本薪酬所产生的收益的。员工福利对于现代企业的意义主要体现在三个方面：①大多数员工是属于规避风险型的，他们追求稳定，而与直接薪酬相比，福利的稳定性更强，因此福利更能够吸引和保留员工；②福利可以满足员工心理需求并使其获得较高的工作满意度，具有较强的激励作用，能有效地提高员工绩效，实现组织的战略目标；③企业可以享受优惠税收政策，提高成本支出的有效性。

（2）员工福利对员工的作用

许多员工在选择工作的时候比较重视企业所能提供的福利待遇，原因不仅仅在于福利待遇是构成总薪酬的一个部分，更在于福利可以满足员工的多种需求。具体来说，福利对员工的作用可体现在五个方面：①增加员工的收入，在员工的总薪酬中，有的企业福利占到30％左右。另外，福利对于员工而言是一种保障性的收入，不会因为员工个人绩效不佳而减少；②保障员工家庭生活及退休后的生活质量。员工退休后的收入较在职时会有较大幅度的降低，国家法定的养老保险等福利待遇就能够保障员工退休后的生活维持在一定的水平；③满足员工的平等和归属需要。福利具有均等性，能让员工感受到公平和企业对他们的重视，从而获得归属感和尊重感；④集体购买让员工获得更多的优惠。集体购买产生规模效益，具有价格上的优惠；⑤满足员工多样化的需求。员工福利的形式多种多样，既可以是实物也可以是服务，多样化的福利形式能够满足员工多样化的需求。

（二）员工福利的种类

1．法定福利

这是由国家相关的法律和法规规定的福利内容，具有强制性，任何企业都必须执行。法定福利为员工提供了工作和生活的基本保障，当员工在遭遇失业、疾病、伤残等特殊困难时给予及时救助，提高了员工防范风险的能力。从我国目前的情况看，法定福利主要包括以下几项内容。

（1）法定的社会保险

法定的社会保险包括基本养老保险、基本医疗保险、失业保险、工伤保险和生育保险。养老保险是国家为劳动者或全体社会成员依法建立的老年收入保障制度，当劳动者或社会成员达到法定退休年龄时，由国家或社会提供养老金，保障退休者的基本生活。医疗保险是由国家立法，按照强制性社会保险原则，由国家、用人单位和个人集资（缴保险费）建立的医疗保险基金，当个人因病接受医疗服务时，由社会医疗机构提供医疗费用补偿的社会保险制度。失业保险是国家以立法形式，集中建立失业保险基金，对因失业而暂时中断收入的劳动者在一定期间提供基本生活保障的社会保险制度。生育保险是国家通过立法，筹集保险基金，对生育子女期间暂时丧失劳动能力的职业妇女给予一定的经济补偿、医疗服务和生育休假的社会保险制度。工伤保险是国家立法建立的，对在经济活动中因工伤致残或因从事有损健康的工作患职业病而丧失劳动能力的劳动者以及对职工因工作死亡后无生活来源的遗属提供物质帮助的社会保障制度。

（2）公休假日

公休假日指企业要在员工工作满一个工作周后让员工休息一定的时间，我国目前实行的是每周休息两天的制度，《中华人民共和国劳动法》第三十八条规定，用人单位应当保证劳动者每周至少休息一日。

（3）法定休假日

法定休假日就是员工在法定的节日要享受休假，我国目前的法定节日包括元旦、春节、国际劳动节、国庆节和法律法规规定的其他休假节日。《中华人民共和国劳动法》规定，法定假日安排劳动者工作的，支付不低于300％的劳动报酬。

（4）带薪年休假

带薪年休假又叫探亲假，是职工分居两地，又不能在公休日与配偶或父母团聚的带薪假期。

2. 企业福利

（1）企业补充养老保险

社会基本养老保险制度虽然覆盖面宽，但收入保障水平较低。随着我国人口老龄化加剧，国家基本养老保险负担过重的状况日趋严重，补充养老保险开始成为企业建立的旨在为其员工提供一定程度退休人员收入保障的养老保险计划。

（2）健康医疗保险

健康医疗保险是对职工基本医疗保险的补充，健康医疗保险的目的是减少当员工生病或遭受事故时本人及其家庭所遭受的损失。企业通常以两种方式提供这种福利：集体投保或者加入健康维护组织。

（3）集体人寿保险

人寿保险是市场经济体制国家的一些企业所提供给员工的一种最常见的福利，大多数企业是为其员工提供集体人寿保险。

（4）住房或购房计划

除了住房公积金之外，企业为更有效地激励和保留员工，还采取其他多项住房福利项目支持员工购房，如住房贷款利息给付计划、住房津贴等。

（5）员工服务福利

员工服务福利是企业根据自身的条件及需要，扩大了福利范畴，通过为员工提供各种服务来达到激励员工、稳定员工的目的。如给员工援助服务、给员工再教育补助、给员工提供健康服务等。

（6）其他补充福利

其他补充福利如交通补贴、饮食津贴、节日津贴、子女教育辅助计划、独生子女补助费等。

第七章　网络经济背景下的
人力资源管理模式发展与创新

第一节　人力资源在网络经济中的作用与影响

一、人力资源是网络经济增长的重要源泉之一

经济增长是指国民生产总值或国内生产总值在总量上的扩张。为了清楚地反映出每一要素在经济增长中的贡献水平，经济学家们建立了经济增长模型，在这一模型中，一般用三个要素，即资本、劳动力和技术进步。这实质上是人力资源不同侧面的表现，其量的多少、质的高低取决于人力资源的数量及素质。人力资源的素质高低决定了企业产品的质量优劣和劳动生产力的素质高低以及投入与产出的比例。在网络经济时代，企业的成败取决于对人的管理，学会求才、用才、知才、育才，是每个成功企业管理者的必备素质。

二、人力资源是网络经济结构优化的决定因素

经济发展既表现为经济的增长，也表现为经济结构的优化。经济结构是否优化是衡量经济发展与否的重要因素。我们在分析一个国家经济结构是否优化时会发现，经济结构是否优化不只取决于该国自然资源的禀赋，更取决于人力资源结构是否优化。人力资源结构的优化不仅表现为静态的人力资源结构能与经济结构保持协调一致和相对平衡，而且表现为动态的人力资源结构能与经济发展所需的经济结构相适应。经济结构的调整往往是从调整人力资源结构开始的，采取的手段又大多是强烈的市场化手段，即政府调整经济结构时，先指明经济结构运行的方向，引导具有相关素质

的劳动者首先进入这一经济部门，并获取相应的高收入，从而强制或诱导其他劳动者转岗改行，接受新经济部门的素质培训，向这一经济部门配置相应的人力资源，直至人力资源处于饱和状态，经济结构得到有效调整。

三、人力资源是网络经济下企业的兴盛之本

任何企业都拥有三种基本资源，即物力资源、财力资源和人力资源。对于企业来说，物力资源和财力资源是企业的有形资源，是衡量企业的重要尺度，但二者都具有有限性；而人力资源正好与之相反，它是一种无形资源，具有相对无限性，是可再生资源。企业可以通过教育、培训和开发等活动提高人力资源的品质，增加人力资源的数量，用人力资源代替非人力资源，从而减轻企业发展过程中非人力资源稀缺的压力。同时，企业为提高产品质量、降低成本和在市场上占据优势，纷纷改进工艺，运用先进机器设备，而这些又需要高素质的人力资源来完成。所以，人力资源开发的好坏在很大程度上决定了企业的兴衰。

第二节　网络经济对人力资源开发与管理的影响

一、网络对人力资源组织的影响

在传统的金字塔式组织结构中，强调命令、控制以及清晰地描述员工的任务，因此，组织对员工的期望是明确的，员工的晋升路线也是垂直的。晋升意味着责任的增加、地位的提高和更高的报酬，人力资源管理的全部信息都集中在组织的最高管理层。

网络时代，由于信息沟通及处理的便捷性，公司的管理层次将大大减少，所以，扁平式、矩阵式、网络状的结构将变成多数公司的组织架构模式。项目管理小组和在线合作将成为工作中最常见也最有效的一种方式。组织将鼓励员工扩大自己的工作内容，提高员工的通用性和灵活性。确保

组织未来成功的关键，在于有合适的人去解决组织最重要的业务问题，无论他处在企业的哪一个等级和组织的何种职位，也无论他身处世界的任何角落。

二、网络对人力资源管理各职能的影响

（一）网络对绩效评估的影响

网络将遥远的距离拉近，主管可以很快看到来自各地的每个下属定期递交的工作反馈。员工考核及述职也可以在网络中实现。员工的工作地点已经不是很重要了，只要具备工作条件，其只需按计划去完成工作就可以了，员工的满意度将大大提高。

在线评估系统实时录入公司所有员工的评估资料，其强大的后台处理功能将出具各种分析报告，为公司的管理改进提供及时的依据。对于评估结果，系统自动根据权重改进评分进行统计，并将结果与薪酬以及人才培养计划挂钩。

（二）网络对员工培训的影响

网络时代，员工培训的形式更加多样化，已经不再是简单的"我说你听"。网络资源极其丰富，鼓励员工充分利用网络资源进行岗位培训，成为许多公司的一个培训方向。通过网络的形式进行员工培训，企业不单可以提高效率，更可以节约成本。企业的人才培训可以请专家来公司讲课，也可以让员工脱产外出学习，但这两种方法都是小范围的，而且费用较高，因此仅适用于公司高层人员；对于基层人员的培训，因人员较多，如仍用上述方法，相应的费用较高，但以网络为基础的虚拟学习中心可以大大节约费用。通过开发远程教育系统，人力资源部门可以选择最好的、性价比最高的培训公司实施培训。

参考文献

[1] 葛玉辉. 人力资源战略与规划[M]. 北京:电子工业出版社,2021.

[2] 周施恩,刘俐伶,唐军,等. 人力资源管理导论[M]. 北京:首都经济贸易大学出版社,2021.

[3] 郭云贵. 人力资源管理 慕课版[M]. 武汉:华中科学技术大学出版社,2021.

[4] 周路路,王德才. 人力资源测评[M]. 南京:南京大学出版社,2021.

[5] 郑惠珍,杨保军,蒋定福. 人力资源管理实务[M]. 北京:经济管理出版社,2021.

[6] 王文军. 人力资源培训与开发[M]. 长春:吉林科学技术出版社,2020.

[7] 杨丽君,陈佳. 人力资源管理实践教程[M]. 北京:北京理工大学出版社,2020.

[8] 杨宗岳,吴明春. 人力资源管理必备制度与表格典范[M]. 北京:企业管理出版社,2020.

[9] 杨蕾.经济转型视角下的绿色人力资源管理[M]. 北京:经济管理出版社,2019.

[10] 张绍泽. 人力资源管理六大模块实操全案[M]. 北京:中国铁道出版社,2020.

[11] 蔡黛沙,袁东兵,高胜寒. 人力资源管理[M]. 北京:国家行政学院出版社,2019.

[12] 陈锡萍,梁建业,吴昭贤. 人力资源管理实务[M]. 北京:中国商务出版社,2019.

[13] 何优. 人力资源法务指南[M]. 上海:上海社会科学院出版社,2019.

[14] 祁雄,刘雪飞,肖东. 人力资源管理实务[M]. 北京:北京理工大学出版社,2019.

[15] 曹科岩. 人力资源管理[M]. 北京:商务印书馆,2019.

[16] 田斌. 人力资源管理理念·案例·实践[M]. 成都:西南交通大学出版社,2019.

[17] 徐艳辉,全毅文,田芳. 商业环境与人力资源管理[M]. 长春:吉林大学出版社,2019.

[18]周颖. 战略视角下的人力资源管理研究[M]. 长春:吉林大学出版社,2019.

[19]李涛. 公共部门人力资源开发与管理[M]. 北京:中央民族大学出版社,2019.

[20]王晓艳,刘冰冰,郑园园. 企业人力资源管理理论与实践[M]. 长春:吉林人民出版社,2019.

[21]李前兵,时钰. 中小企业人力资源管理本土化路径研究[M].北京:经济管理出版社,2017.

[22]孔凡柱,赵莉. 人力资源管理实践对企业跨组织知识整合的影响研究——基于集成创新的视角[M].北京:经济管理出版社,2016.

[23]杨鹏.创新导向人力资源管理实践对企业绩效的作用机理研究[M].北京:中国社会科学出版社,2022.

[24]井辉.个性化人力资源管理实践对员工工作绩效的影响机制研究[M].北京:科学出版社,2018.

[25]殷风春.人力资源管理实践案例分析[M].北京:电子工业出版社,2021.

[26]徐明.战略人力资源管理理论与实践(第二版)[M].大连:东北财经大学出版社,2020.

[27]李静,韩振燕,徐倩.公共人力资源管理:理论与实践[M].北京:北京大学出版社,2021.

[28]邬伟娥.人力资源管理理论与实践[M].北京:经济科学出版社,2022.

[29]楼世洲.人力资源强国指标体系与实践路径研究[M].北京:经济科学出版社,2019.

[30]田青.人力资源管理研究与实践 前沿量表手册[M].杭州:浙江大学出版社,2022.

[31]刘善仕,王雁飞.人力资源管理 第 2 版[M].北京:机械工业出版社,2021.

[32]蒋定福,彭十一.人力资源管理沙盘模拟实训教程[M].北京:清华大学出版社,2021.

[33]邵丹萍.社会责任型人力资源管理理论和实践研究[M].北京:九州出版社,2022.

[34]唐贵瑶,魏立群.战略人力资源管理[M].北京:机械工业出版社,2018.

[35]张岚,王天阳,王清绪.企业高绩效人力资源管理研究[M].长春:吉林文史出版社,2022.